DISCLAIMER

The author and publisher are providing this book and its contents on an "as is" basis and make no representations or warranties of any kind with respect to this book or its contents. The author and publisher disclaim all such representations and warranties, including but not limited to warranties of merchantability. In addition, the author and publisher do not represent or warrant that the information accessible via this book is accurate, complete, or current.

Except as specifically stated in this book, neither the author nor publisher, nor any authors, contributors, or other representatives will be liable for damages arising out of or in connection with the use of this book. This is a comprehensive limitation of liability that applies to all damages of any kind, including (without limitation) compensatory; direct, indirect, or consequential damages; loss of data, income, or profit; loss of or damage to property; and claims of third parties.

Copyright © 2022 LINGUAS CLASSICS

BESTACTIVITYBOOKS.COM

All rights reserved. No part of this book may be reproduced or used in any manner without the written permission of the copyright owner except for the use of quotations in a book review.

FIRST EDITION - Published 2022

Extra Graphic Material From: www.freepik.com
Thanks to: Alekksall, Starline, Pch.vector, Rawpixel.com, Vectorpocket, Dgim-studio, Upklyak, Macrovector, Stockgiu, Pikisuperstar & Freepik.com Designers

This Book Comes With Free Bonus Puzzles
Available Here:

BestActivityBooks.com/WSBONUS20

5 TIPS TO START!

1) HOW TO SOLVE

The Puzzles are in a Classic Format:

- Words are hidden without breaks (no spaces, dashes, ...)
- Orientation: Forward & Backward, Up & Down or in Diagonal (can be in both directions)
- Words can overlap or cross each other

2) ACTIVE LEARNING

To encourage learning actively, a space is provided next to each word to write down the translation. The **DICTIONARY** allows you to verify and expand your knowledge. You can look up and write down each translation, find the words in the Puzzle then add them to your vocabulary!

3) TAG YOUR WORDS

Have you tried using a tag system? For example, you could mark the words which have been difficult to find with a cross, the ones you loved with a star, new words with a triangle, rare words with a diamond and so on...

4) ORGANIZE YOUR LEARNING

We also offer a convenient **NOTEBOOK** at the end of this edition. Whether on vacation, travelling or at home, you can easily organize your new knowledge without needing a second notebook!

5) FINISHED?

Go to the bonus section: **MONSTER CHALLENGE** to find a free game offered at the end of this edition!

Want more fun and learning activities? It's **Fast and Simple!**
An entire Game Book Collection just **one click away!**

Find your next challenge at:

BestActivityBooks.com/MyNextWordSearch

Ready, Set... Go!

Did you know there are around 7,000 different languages in the world? Words are precious.

We love languages and have been working hard to make the highest quality books for you. Our ingredients?

A selection of indispensable learning themes, three big slices of fun, then we add a spoonful of difficult words and a pinch of rare ones. We serve them up with care and a maximum of delight so you can solve the best word games and have fun learning!

Your feedback is essential. You can be an active participant in the success of this book by leaving us a review. Tell us what you liked most in this edition!

Here is a short link which will take you to your order page.

BestBooksActivity.com/Review50

Thanks for your help and enjoy the Game!

Linguas Classics Team

1 - Food #1

```
V M W C A I L D T X O W S W
Z U F G B A R A C H I D E É
V O J F R A I S E K O Z Q P
A P N J I A V E T K R N A I
M C X E C U L L O I G N O N
L A I T O P O I R E E C S A
A S O M T R X R A C B A U R
S O A C A N N E L L E R C D
I O J L N R V B C H D O R M
D Z U B A S I L I C D T E Q
Z E S P V D C S T C D T W F
F X X Z E S E V R W B E L V
U A L V T P Y L O U T T F D
F L O V R H E H N S L A K L
```

ABRICOT	ARACHIDE
ORGE	POIRE
BASILIC	SALADE
CAROTTE	SEL
CANNELLE	SOUPE
AIL	ÉPINARD
JUS	FRAISE
CITRON	SUCRE
LAIT	THON
OIGNON	NAVET

2 - Castles

C	N	O	P	C	P	T	D	O	C	C	B	D	N
A	P	H	A	O	R	G	O	A	A	H	O	Y	O
T	R	Z	L	U	I	D	N	U	B	E	U	B	B
A	I	R	A	R	N	R	J	K	R	V	C	J	L
P	N	E	I	O	C	A	O	A	D	A	L	U	E
U	C	O	S	N	E	G	N	Y	N	L	I	W	J
L	E	H	X	N	D	O	Q	T	A	C	E	É	T
T	S	B	E	E	Y	N	I	N	M	U	R	P	M
E	S	X	Z	V	N	T	E	D	V	H	M	É	Z
H	E	M	L	Y	A	R	M	U	R	E	M	E	H
R	J	W	O	M	S	L	P	F	É	O	D	A	L
G	O	Z	N	W	T	L	I	C	O	R	N	E	O
K	H	U	M	V	I	H	R	E	Q	D	E	G	J
O	B	W	Q	T	E	F	E	O	R	N	T	B	I

ARMURE
CATAPULTE
COURONNE
DRAGON
DONJON
DYNASTIE
EMPIRE
FÉODAL
CHEVAL
ROYAUME

CHEVALIER
NOBLE
PALAIS
PRINCE
PRINCESSE
BOUCLIER
ÉPÉE
TOUR
LICORNE
MUR

3 - Exploration

```
D C O U R A G E V M B J D U
E X C I T A T I O N A H É N
É P U I S E M E N T E A T O
P L T E R R A I N D I Q E U
D H A P P R E N D R E U R V
B Z A N I M A U X I L Ê M E
V O Y A G E Y O I N O T I A
Y C U L T U R E S C I E N U
S A U V A G E U G O N F A U
P É R I L L E U X N T F T R
D A N G E R S P U N A U I D
A C T I V I T É P U I D O E
E S P A C E E E A L N F N V
D É C O U V E R T E W H L T
```

ACTIVITÉ
ANIMAUX
COURAGE
CULTURES
DÉTERMINATION
DÉCOUVERTE
LOINTAIN
EXCITATION
ÉPUISEMENT
DANGERS
LANGUE
NOUVEAU
PÉRILLEUX
QUÊTE
ESPACE
TERRAIN
APPRENDRE
VOYAGE
INCONNU
SAUVAGE

4 - Measurements

```
K R V W N S P H Q P C Z T G
D I I M Z I A N A O E A P R
L É L W Y P T N G U N G B A
I L C O C T E T W C T U N M
T O L I G T O N N E I E P M
R N A O M R V O L U M E U E
E G R N I A A N P B È Z S R
D U G C N P L M F L T M S Z
E E E E U I K A M D R B J J
N U U N T S B S È E E P Y R
P R R H E V U S T G L O X E
H S L J N K A E R R Q I E A
K I L O M È T R E É C D I V
P R O F O N D E U R P S N Z
```

OCTET
CENTIMÈTRE
DÉCIMAL
DEGRÉ
PROFONDEUR
GRAMME
HAUTEUR
POUCE
KILOGRAMME
KILOMÈTRE

LONGUEUR
LITRE
MASSE
MÈTRE
MINUTE
ONCE
TONNE
VOLUME
POIDS
LARGEUR

5 - Farm #2

```
A Q I A N O U R R I T U R E
N C I R M A Ï S Y G P P R É
I T A R R B L É L É G U M E
M R Q N L I B G J C R I A I
A A I O A O G X B S A G S U
U C O K O R B A P I N I B V
X T U T E Q D Q T G G V T H
L E B E R G E R B I E W L X
A U V F R U I T R B O R G E
M R Z E A G N E A U K N V C
A D A G R I C U L T E U R M
G L Q R M G L A I T I W F U
M O U T O N E W V M H L F U
T C X A Q M X R S V G E Z C
```

ANIMAUX
ORGE
GRANGE
MAÏS
CANARD
AGRICULTEUR
NOURRITURE
FRUIT
IRRIGATION
AGNEAU

LAMA
PRÉ
LAIT
VERGER
MOUTON
BERGER
TRACTEUR
LÉGUME
BLÉ

6 - Books

```
M G L H L I T T É R A I R E
C T M I I Y C X Q P O È M E
O R S N D S L E C T E U R T
N A K V J W T D U A L I T É
T G Q E R L D O P O É S I E
E I H N F Q I É R G P T N A
X Q I T P U T P D I K A N V
T U S I Y M U I C A Q Y Z E
E E T F B H O Q U I X U A N
J W O C N S A U T E U R E T
Y P I C O L L E C T I O N U
N A R R A T E U R H B M N R
Y G E É C R I T R B Q A S E
P E R T I N E N T K C N I Y
```

AVENTURE
AUTEUR
COLLECTION
CONTEXTE
DUALITÉ
ÉPIQUE
HISTORIQUE
INVENTIF
LITTÉRAIRE
NARRATEUR
ROMAN
PAGE
POÈME
POÉSIE
LECTEUR
PERTINENT
HISTOIRE
TRAGIQUE
ÉCRIT

7 - Meditation

```
E P É V C M N A T U R E C R
S E M P O O C L A R T É F E
P N O E M U H H G M S D X S
R S T R P V E T A H I P G P
I É I S A E É E C A L M E I
T E O P S M V G C B E Q N R
M S N E S E E R E I N L T A
I U S C I N I A P T C F I T
R X S T O T L T T U E X L I
C U Q I N E L I A D P C L O
P W F V Q H É T T E F M E N
V A Y E V U Q U I S O Y S P
G O I F A L E D O I Y T S X
Q G Z X E P M E N T A L E K
```

ACCEPTATION
ÉVEILLÉ
RESPIRATION
CALME
CLARTÉ
COMPASSION
ÉMOTIONS
GRATITUDE
HABITUDES
GENTILLESSE

MENTAL
ESPRIT
MOUVEMENT
MUSIQUE
NATURE
PAIX
PERSPECTIVE
SILENCE
PENSÉES

8 - Days and Months

```
C N O O E I F Z H H V S Y S
A L S E P T E M B R E O C W
L J E U D I D I M A N C H E
E U U S Z C Q S C M D T M Q
N I M E R C R E D I R O A R
D L S M N Q A T Z B E B R O
R L A A M C V O I M D R D Y
I E M I R A R I Û M I E I P
E T E N F B I J R T M A R S
R W D E E Z L U N D I N F E
Z S I E G T R J A N V I E R
C R H N O V E M B R E T P W
F É V R I E R G J H M O I S
J B U A N N É E E Q U H D L
```

AVRIL	NOVEMBRE
AOÛT	OCTOBRE
CALENDRIER	SAMEDI
FÉVRIER	SEPTEMBRE
VENDREDI	DIMANCHE
JANVIER	JEUDI
JUILLET	MARDI
MARS	MERCREDI
LUNDI	SEMAINE
MOIS	ANNÉE

9 - Chess

```
C D D T U J T E M P S I S E
H B É F D E O R E I N E B N
A L P F I U U È Z K U O W N
M A O A I N R G R S P X I Y
P N I B S S N L U X M G Z R
I C N L X S O E H C P L Y R
O R T J M D I S R A B L J C
N X S O X X T F X K P C D E
R O I U C O N C O U R S U O
W J F E D Y D I A G O N A L
L J Y U S A C R I F I C E Z
A P P R E N D R E L A Z Q P
I N T E L L I G E N T R L T
A D V E R S A I R E P L X X
```

NOIR
DÉFIS
CHAMPION
INTELLIGENT
CONCOURS
DIAGONAL
JEU
ROI
ADVERSAIRE
PASSIF

JOUEUR
POINTS
REINE
RÈGLES
SACRIFICE
TEMPS
APPRENDRE
TOURNOI
BLANC

10 - Food #2

```
C I G L C A Q Q H D N J T K
E X T P I J X B R O C O L I
R N D A M Z Z B K I W I F C
I C H O C O L A T K Z A R D
S H Z O E U F I G I F U O L
E A R T I C H A U T Q B M P
I M J Q U C V J W V Y E A O
Y P T P O I S S O N G R G M
A I O T M H Q J B L É G E M
O G M U O O W R A I S I N E
U N A C L B B K N M S N Q J
R O T X A E H V A R B E R G
T N E B L K T X N F J O L S
C É L E R I E M E M R X N Z
```

POMME   AUBERGINE
ARTICHAUT   POISSON
BANANE   RAISIN
BROCOLI   JAMBON
CÉLERI   KIWI
FROMAGE   CHAMPIGNON
CERISE   RIZ
POULET   TOMATE
CHOCOLAT   BLÉ
OEUF   YAOURT

11 - Family

```
M A T E R N E L S U I E G N
E D C G I T W G B F T N R X
T A N T E N F A N C E F A Y
P E T I T E N F A N T A N V
A N C N D F F I A A K N D Q
J F I N J E P L Z X K T P S
C U E È G M A L G O Y S È O
Z M U N C M T E H F R È R E
J K S X F E E N O N B L E U
O Z M N M A R I N E V E U R
R N B N È Q N A N C Ê T R E
F M C Y R P E T C O U S I N
N R B L E H L N V U C E B S
O Y A E E P E T I T F I L S
```

ANCÊTRE
TANTE
FRÈRE
ENFANT
ENFANCE
ENFANTS
COUSIN
FILLE
PETIT-ENFANT
GRAND-PÈRE
PETIT-FILS
MARI
MATERNEL
MÈRE
NEVEU
NIÈCE
PATERNEL
SOEUR
ONCLE
FEMME

12 - Farm #1

```
J D R Q C H E V A L Â N E Q
J G P E H K C Q A C J G A Z
Q R I Z A L M H M J V D U Q
F A J Z T O T A I J M F P E
O I C L Ô T U R E E Q A O J
I N R K N C Q S L Z N V U Q
N E W V Q I H A B E I L L E
G S R R I Y P A V E A U E N
C E I U F A O U M J J Q T G
B H U N N O C A N P M E X R
I C È D A F Q T R Q N Z N A
S E Z V A C H E F N Y U T I
O K A G R I C U L T U R E S
N X R G S E C O R B E A U P
```

AGRICULTURE CLÔTURE
ABEILLE ENGRAIS
BISON CHAMP
VEAU CHÈVRE
CHAT FOIN
POULET MIEL
VACHE CHEVAL
CORBEAU RIZ
CHIEN GRAINES
ÂNE EAU

13 - Camping

A	N	I	M	A	U	X	D	I	C	Q	H	S	L
Z	B	W	F	H	B	Q	Q	N	L	A	C	D	U
M	O	N	T	A	G	N	E	S	R	J	N	K	N
T	U	M	Q	M	B	W	K	E	I	R	Y	O	E
E	S	N	U	A	C	T	P	C	A	R	T	E	Ë
B	S	S	J	C	L	P	X	T	V	A	U	C	Z
C	O	C	H	A	S	S	E	E	M	W	B	A	
H	L	A	O	F	Q	N	K	Z	N	U	H	U	A
A	E	B	N	R	E	Y	Q	A	T	S	K	A	D
P	B	I	A	Q	D	U	F	J	U	E	A	R	V
E	D	N	T	O	F	E	O	P	R	M	N	B	F
A	G	E	U	A	D	O	R	Q	E	E	V	R	S
U	W	I	R	Y	K	T	Ê	T	E	N	T	E	V
X	K	Y	E	A	I	L	T	G	B	T	Q	S	Z

AVENTURE
ANIMAUX
CABINE
CANOË
BOUSSOLE
FEU
FORÊT
AMUSEMENT
HAMAC
CHAPEAU

CHASSE
INSECTE
LAC
CARTE
LUNE
MONTAGNE
NATURE
CORDE
TENTE
ARBRES

14 - Cats

```
S Z F T I M I D E I E R A G
C A O S O U R I S N S T F X
B H U G L Z A D V D P X F H
G T A V Y Z P R C É I P E U
N R C S A O I Ô M P È E C F
I G E I S G D L P E G C T I
D F B I F E E E A N L U U L
T O A T Y B U G T D E R E U
F U R P L C C R T A G I U F
Z R C M M B P I E N G E X M
H R R X I O Z F V T D U X N
I U W X C R I F I V X X H O
R R I J T Q U E U E U W X H
P E R S O N N A L I T É K Z
```

AFFECTUEUX
GRIFFE
FOU
CURIEUX
RAPIDE
DRÔLE
FOURRURE
CHASSEUR
INDÉPENDANT
PEU

SOURIS
PATTE
PERSONNALITÉ
ESPIÈGLE
TIMIDE
DORMIR
QUEUE
SAUVAGE
FIL

15 - Numbers

```
J V I N G T D T W Z B B K X
Z S C Y X Y E B R B U P S F
A C Y Y S H U U L O B Z Y R
R Z O D G H X D É C I M A L
G M M S P S I X Q Q Y S T T
D I X N E U F D O U Z E R W
V M X X I Q Z K Y A S P E Z
D I X F O G U N L T E T I S
I I A L W V I I F R I P Z F
X V X M N O Z F N E Z T E H
S J W H E H U I T Z E A A H
E K U J U C I N Q V E J B J
P O B Q F I Q U A T O R Z E
T M O T T X T Z P V J X V J
```

DÉCIMAL	SEPT
HUIT	DIX-SEPT
DIX-HUIT	SIX
QUINZE	SEIZE
CINQ	DIX
QUATRE	TREIZE
QUATORZE	TROIS
NEUF	DOUZE
DIX-NEUF	VINGT
UN	DEUX

16 - Spices

```
V N R N T A B S V C M W O S
E Q Y A N I S X N O U A I A
K P G B Y Y P E T R S P G V
C A R D A M O M E I C A N E
V P Q C J G O N E A A I O U
A R S C U M I N S N D L N R
N I S A F R A N C D E U F V
I K E N G E R J G R T S E A
L A H N I I A Y T E P E N M
L A F E R A I D C F M L U E
E N T L O T V Y T U A B G R
E L A L F D O J D O U X R A
D A R E L T D H K K J U E E
E F C F E N O U I L F Q C X
```

ANIS
AMER
CARDAMOME
CANNELLE
GIROFLE
CORIANDRE
CUMIN
CURRY
FENOUIL
FENUGREC

SAVEUR
AIL
GINGEMBRE
MUSCADE
OIGNON
PAPRIKA
SAFRAN
SEL
DOUX
VANILLE

17 - Mammals

```
C O Y O T E C Y G M U F É R
N H X U Y V H A L O U P L X
T I I I V Z E J W U B C É Z
K A C E R Q V N K T A T P V
G A U M N L A S E O L O H H
O G N R P F L I O N E U A G
R Y S G E P O N X A I R N I
I W W L O A T G D D N S T R
L Z K P U U U E U X E G K A
L È J A U D R E N A R D C F
E B L C A S T O R F B Z X E
M R J H K Q K S U L A P I N
B E D A U P H I N K P X C Z
T J J T Q D Y Y D M Y B C Q
```

OURS
CASTOR
TAUREAU
CHAT
COYOTE
CHIEN
DAUPHIN
ÉLÉPHANT
RENARD
GIRAFE

GORILLE
CHEVAL
KANGOUROU
LION
SINGE
LAPIN
MOUTON
BALEINE
LOUP
ZÈBRE

18 - Fishing

```
É Q U I P E M E N T M F C A
R T A I O H F L E U V E L P
Z P M Â C H O I R E D M A P
V L B R B T W T G N R P C Â
P A N I E R Q Y D D E L R T
G G G V A R A V P A O V O R
C E V W F T U N E K P O C C
K J K G I K G Z C Y E L H O
M J F X L O M J U H V W E C
P A T I E N C E I N I A T É
B O B A T E A U R P I E V A
B R I E R M S B E E A U S N
T I C D W R K J U N I H R P
M G M B S A I S O N E J Z N
```

APPÂT
PANIER
PLAGE
BATEAU
CUIRE
ÉQUIPEMENT
BRANCHIES
CROCHET
MÂCHOIRE

LAC
OCÉAN
PATIENCE
FLEUVE
SAISON
EAU
POIDS
FIL

19 - Restaurant #1

```
A O U P H B A C T Y G R I N
R S V É D J U P A I N É N O
F W S P O U L E T F F S G U
X C E I O N M E N U É E R R
N I L C E Z U B H Y W R É R
T P X É I T S A U C E V D I
C O A O K L T Q D T Q A I T
A O S E R V I E T T E T E U
K H U C A I S S I E R I N R
B N U T C U I S I N E O T E
O J F P E V I A N D E N S P
L A V X C A L L E R G I E K
K C C O O H U D E S S E R T
S E R V E U S E R I I C G J
```

ALLERGIE
BOL
PAIN
CAISSIER
POULET
CAFÉ
DESSERT
NOURRITURE
INGRÉDIENTS
CUISINE

COUTEAU
VIANDE
MENU
SERVIETTE
ASSIETTE
RÉSERVATION
SAUCE
ÉPICÉ
SERVEUSE

20 - Bees

```
H G P R F R U I T I P G X B
A E O O U I N S E C T E H É
B É L P M C F O O F E L A N
I C L C É B I L Q L A T V É
T O I G E F V R E E E N F F
A S N I A O J K E U G I E I
T Y I X Q L F I D R R H L Q
E S S A I M R E I N E S W U
B T A D I V E R S I T É U E
B È T R U C H E Z O M O U M
X M E M D R S B P O L L E N
U E U P L A N T E S G P F X
J A R D I N X C K L Q F Y V
N O U R R I T U R E M I E L
```

BÉNÉFIQUE
FLEUR
DIVERSITÉ
ÉCOSYSTÈME
FLEURS
NOURRITURE
FRUIT
JARDIN
HABITAT
RUCHE

MIEL
INSECTE
PLANTES
POLLEN
POLLINISATEUR
REINE
FUMÉE
SOLEIL
ESSAIM
CIRE

21 - Sports

```
E T B S M J H S K U I A J B
C H A M P I O N N A T T E A
W O S T A D E U T V N H U S
C C K H U N K M E I S L G E
X K E G O L F T N U F È Y B
P E T É Y D N Y N L R T M A
R Y B R Q W X I I W O E N L
X I A N F U O S S X F G A L
V É L O K S I G Y M N A S E
S Q L Q T B Y P X D Q G T O
X N A G E R D G E R D N I M
E N T R A Î N E U R X A Q O
M O U V E M E N T Z V N U B
A H D O A R B I T R E T E T
```

ATHLÈTE
BASE-BALL
BASKET-BALL
VÉLO
CHAMPIONNAT
ENTRAÎNEUR
JEU
GOLF
GYMNASE
GYMNASTIQUE

HOCKEY
MOUVEMENT
JOUEUR
ARBITRE
STADE
ÉQUIPE
TENNIS
NAGER
GAGNANT

22 - Weather

```
A A Y X M F P F X S Y P T C
A R T R O P I C A L A O G L
N N C M O U S S O N N L O I
Z T I E O Q W F D D U A U M
R O E H N S R É C L A I R A
S N L D C C P T K E G R A T
G N U G U Y I H O S E E G X
T E M P Ê T E E È R P L A S
I R G L A C E S L R N F N I
B R O U I L L A R D E A B R
R E S É C H E R E S S E D V
I X L S E C H J O H Y W F E
S T E M P É R A T U R E D N
E U H X M Y N O Z T V L I T
```

ATMOSPHÈRE
BRISE
CLIMAT
NUAGE
SÉCHERESSE
SEC
BROUILLARD
OURAGAN
GLACE
ÉCLAIR

MOUSSON
POLAIRE
ARC-EN-CIEL
CIEL
TEMPÊTE
TEMPÉRATURE
TONNERRE
TORNADE
TROPICAL
VENT

23 - Adventure

```
V D Y I K P M Z N A T U R E
B E A U T É T G P M O E R X
P S N K D É F I S P W N B C
R T A C T I V I T É P T E U
É I T I N É R A I R E H D R
P N A V I G A T I O N O I S
A A S É C U R I T É D U F I
R T Z J R Z X K L N V S F O
A I N O U V E A U S T I I N
T O L I U Z B K P L D A C D
I N U E E M W B R R T S U H
O D A N G E R E U X Y M L E
N C H A N C E A M I S E T T
B T O P P O R T U N I T É I
```

ACTIVITÉ	AMIS
BEAUTÉ	ITINÉRAIRE
DÉFIS	JOIE
CHANCE	NATURE
DANGEREUX	NAVIGATION
DESTINATION	NOUVEAU
DIFFICULTÉ	OPPORTUNITÉ
ENTHOUSIASME	PRÉPARATION
EXCURSION	SÉCURITÉ

24 - Circus

```
C É L É P H A N T V L Z K S
L C I V A N I M A U X A M I
O T W R C B M B M U E T R N
W M I P R C A D K X V I X G
N A O N O O G L T E N T E E
A G B L B S I M L I T L U A
L I O N A T E M O O G Y C S
G C N R T U N U R N N R I T
Q I B L E M Q S J X T S E U
H E O N Z E Q I M W T R Q C
R N N C A Y M Q C D O U E E
P A R A D E A U I A N C T R
E I J O N G L E U R T J A W
G D I V E R T I R L M F Z V
```

ACROBATE
ANIMAUX
BALLONS
BONBON
CLOWN
COSTUME
ÉLÉPHANT
DIVERTIR
JONGLEUR
LION

MAGIE
MAGICIEN
SINGE
MUSIQUE
PARADE
MONTRER
TENTE
TIGRE
ASTUCE

25 - Tools

```
R È G L E É J W V P P R M T
H T J P P G C O R D E O A L
C I R Z X Q X H G E L U R C
R A S O I R G C E F L E T X
A X A R C Â B L E L E M E S
L Y B G T O R C H E L U A B
X F A G R A F E U S E E U K
B X H C C A R W V I S V V N
H A C H E I F X J H Z L B D
X E T H H S E H N R C S T
C O U T E A U E X O E O Q V
P I N C E S J M A I L L E T
X L I P A N T L R U K L W K
H L W H K L U T A J X E L D
```

HACHE	CORDE
CÂBLE	RÈGLE
COLLE	CISEAUX
MARTEAU	VIS
COUTEAU	PELLE
ÉCHELLE	AGRAFE
MAILLET	AGRAFEUSE
PINCES	TORCHE
RASOIR	ROUE

26 - Restaurant #2

```
O B H Y Y C L X Z L B G É H
C L É G U M E S G T F U P C
H M Z V I W S A L A D E I U
A I K P O I S S O N O A C I
I D O R G Â T E A U C U E L
S O U P E P M S R H S C S L
E B O I S S O N P V X R D È
F K X P D É L I C I E U X R
E R O N O U I L L E S U Y E
C A U P S E L C M F D T R P
I B Z I F O U R C H E T T E
E F B O T S T F K U Y Y V K
D E H D Î N E R G L A C E F
M Z G J O D É J E U N E R P
```

BOISSON
GÂTEAU
CHAISE
DÉLICIEUX
DÎNER
OEUF
POISSON
FOURCHETTE
FRUIT
GLACE

DÉJEUNER
NOUILLES
SALADE
SEL
SOUPE
ÉPICES
CUILLÈRE
LÉGUMES
SERVEUR
EAU

27 - Geology

```
C L X K B H C Q Q J O F S S
F O S S I L E R U I G S Y G
L C A L C I U M I A C I D E
M A V O L C A N T S R V T Y
I N V F O N D U B H T T P S
N P I E R R E B B H W A Z E
É C Y C L E S Y D U O L U R
R C O N T I N E N T B V G X
A Z Q S T A L A C T I T E Q
U R B F N D Z O O G X Q A O
X Z E V P Q V É R O S I O N
U E T K H R P L A T E A U S
C O U C H E Z S I D Z B H E
C A V E R N E A L L W L K L
```

ACIDE
CALCIUM
CAVERNE
CONTINENT
CORAIL
CRISTAUX
CYCLES
ÉROSION
FOSSILE
GEYSER

LAVE
COUCHE
MINÉRAUX
FONDU
PLATEAU
QUARTZ
SEL
STALACTITE
PIERRE
VOLCAN

28 - House

```
B F S M H Q B S N D Z I G B
A E J E L K T U F W R F U I
L N B U A P O R T E D J K B
A Ê G B M C L É S N N A D L
I T R L P U C H A M B R E I
I R T E E I R C U Y V D G O
O E S S A S Z H L U Z I V T
E S T O B I D E M Ô K N Q H
J G P L C N X M X Q T N Q È
B A S M N E R I D E A U X Q
G R E N I E R N T M M D R U
E A H T F I P É D O U C H E
F G R C U K F E V B I M Q O
S E M I R O I R I M J T G K
```

GRENIER
BALAI
RIDEAUX
PORTE
CLÔTURE
CHEMINÉE
SOL
MEUBLES
GARAGE
JARDIN

CLÉS
CUISINE
LAMPE
BIBLIOTHÈQUE
MIROIR
TOIT
CHAMBRE
DOUCHE
MUR
FENÊTRE

29 - School #1

```
E A P P R E N D R E R A M A
N A A D É J E U N E R M A B
S L P E P A Q E I W M U R C
E P I S O X G U Z N V S Q E
I H E S N O A M I S D E U X
G A R T S O Q J R Z Z M E A
N B C Y E L A L S D K E U M
A E F L S C H A I S E N R E
N T V O Q O J U Q V M T S N
T U O S B U R E A U R A S S
B I B L I O T H È Q U E T C
T M E Y C R A Y O N N V S H
F Q D O S S I E R S I E O G
L Y H S K Y É C R I R E G O
```

ALPHABET
RÉPONSES
LIVRES
CHAISE
BUREAU
EXAMENS
DOSSIERS
AMIS
AMUSEMENT
BIBLIOTHÈQUE

DÉJEUNER
MARQUEURS
MATH
PAPIER
CRAYON
DES STYLOS
QUIZ
ENSEIGNANT
APPRENDRE
ÉCRIRE

30 - Dance

```
T R A D I T I O N N E L J J
C H O R É G R A P H I E M O
M U S I Q U E K G L U Z T Y
J Z I W W L H Z R Y T H M E
A X A O N S X X Â M E R C U
C U L T U R E L C O X É O X
A L A I B É M Q E U P P R C
D P A R N M Y P W V R É P U
É O V S T O P L J E E T S L
M S I A S T Z H U M S I V T
I T S U T I L K B E S T B U
E U U T O O Q U A N I I J R
X R E J U N Y U A T F O A E
W E L Q C I E T E U Z N E K
```

ACADÉMIE
ART
CORPS
CHORÉGRAPHIE
CLASSIQUE
CULTUREL
CULTURE
ÉMOTION
EXPRESSIF
GRÂCE

JOYEUX
SAUT
MOUVEMENT
MUSIQUE
POSTURE
RÉPÉTITION
RYTHME
TRADITIONNEL
VISUEL

31 - Colors

```
M A R R O N F M T N C Y A N
V N B S Y U T U A L U N G B
E W E K J Z E S C G D J R L
R E T L A Z U R U H E F I E
T T M R U E D O F R S N S U
Y P H A N Y V S P S É I T P
B N F E E H X E I W P G A A
C R A M O I S I N D I G O V
J Y K C Y V Y H F Y A F U M
O R A N G E I R O U G E P P
H H N O I R K O N B L A N C
K R Y D K O C G L N X R H L
B E I G E R J T B E C V E Q
B O J J M H N A T N T W R P
```

AZUR
BEIGE
NOIR
BLEU
MARRON
CRAMOISI
CYAN
FUCHSIA
VERT
GRIS

INDIGO
MAGENTA
ORANGE
ROSE
VIOLET
ROUGE
SÉPIA
BLANC
JAUNE

32 - Climbing

```
T B L E S S U R E O H F B H
A E X P H Z E O G U I D E S
S L R A M Q T É T R O I T A
T C T R A X B I F J O J K Z
A A B I A B L R A J W T T Y
B S O I T I G A N T S C T H
I Q T S W U N E X P E R T E
L U T R A N D O N N É E B G
I E E B R P É E C Z L A T C
T D S I O Q F O R C E U L V
É R P H Y S I Q U E K C N B
C A R T E X S D T L Y B E J
X A T M O S P H È R E D A L
X R D C U R I O S I T É B X
```

ALTITUDE
ATMOSPHÈRE
BOTTES
GROTTE
DÉFIS
CURIOSITÉ
EXPERT
GANTS
GUIDES

CASQUE
RANDONNÉE
BLESSURE
CARTE
ÉTROIT
PHYSIQUE
STABILITÉ
FORCE
TERRAIN

33 - Shapes

```
T H Z S L H K M R D O V V N
R E O Q Z Z Y D T I L C R C
I Q D I C S Q P L I G N E O
A W B O R D S R E J S K W U
N C Ô T É H C I L R G O Z R
G O Y S X A F S L C B C E B
L I B L P T V M I C S O V E
E N V B I H D E P A Y V L O
C U B E P N È Y S R L A G E
T E H F B F D R E R A L I C
L E J S U F H R E É R E B N
A Y N P Q H W C E R C L E V
P Y R A M I D E C Ô N E P M
P O L Y G O N E N M Y C L S
```

ARC
CERCLE
CÔNE
COIN
CUBE
COURBE
CYLINDRE
BORDS
ELLIPSE
HYPERBOLE

LIGNE
OVALE
POLYGONE
PRISME
PYRAMIDE
CÔTÉ
SPHÈRE
CARRÉ
TRIANGLE

34 - Scientific Disciplines

```
U M M A R P R T V C R W N B
V V É L G R D E U H S D E I
T A S T R O N O M I E L U O
X R H G É X I W H M X K R C
U A N A T O M I E I Y N O H
J J B U I G R T F E V B L I
I M M U N O L O G I E O O M
G É O L O G I E L G V T G I
É C O L O G I E W O B A I E
B I O L O G I E R P G N E B
P S Y C H O L O G I E I Q G
A R C H É O L O G I E Q E U
M I N É R A L O G I E U D V
S O C I O L O G I E A E W S
```

ANATOMIE
ARCHÉOLOGIE
ASTRONOMIE
BIOCHIMIE
BIOLOGIE
BOTANIQUE
CHIMIE
ÉCOLOGIE

GÉOLOGIE
IMMUNOLOGIE
MÉTÉOROLOGIE
MINÉRALOGIE
NEUROLOGIE
PSYCHOLOGIE
SOCIOLOGIE

35 - School #2

```
B I B L I O T H È Q U E W D
G J Q K C A L E N D R I E R
O R D I C T I O N N A I R E
M V A B U S O M L U C B E E
M I X M P R O V I S I O N S
E U T A M D H J V C S A S É
X I D M E A Y X R I E C E D
P A P I E R I M E E A T I U
S A C À D O S R S N U I G C
C R A Y O N I N E C X V N A
A C A D É M I Q U E I I A T
L I T T É R A T U R E T N I
O R D I N A T E U R H É T O
W E E K E N D S F B P S W N
```

ACADÉMIQUE
ACTIVITÉS
SAC À DOS
LIVRES
BUS
CALENDRIER
ORDINATEUR
DICTIONNAIRE
ÉDUCATION
GOMME

GRAMMAIRE
BIBLIOTHÈQUE
LITTÉRATURE
PAPIER
CRAYON
SCIENCE
CISEAUX
PROVISIONS
ENSEIGNANT
WEEK-ENDS

36 - Science

```
M J H M A W H J S C U E F N
I F N Z O F A I T L E X O A
N N D J R H O Q J I L P S T
É V O L U T I O N M N É S U
R K N R X Q G K Z A L R I R
A Z N I G R A V I T É I L E
U I É H R A C M H Q H E E Q
X P E Z A U N H É E J N X V
B N S G O O P I I T E C T A
S B P L A N T E S M H E B T
M O L É C U L E S M I O P O
L A B O R A T O I R E Q D M
P A R T I C U L E S R O U E
T E V Y K F P H Y S I Q U E
```

ATOME
CHIMIQUE
CLIMAT
DONNÉES
ÉVOLUTION
EXPÉRIENCE
FAIT
FOSSILE
GRAVITÉ
LABORATOIRE
MÉTHODE
MINÉRAUX
MOLÉCULES
NATURE
ORGANISME
PARTICULES
PHYSIQUE
PLANTES

37 - To Fill

```
O F H P H J S B W S I K B S
V O L B S L E O K V F K B E
B T H V A Z A Î O T A T O A
P A N I E R U T O A I V L N
B A S S I N I E P R F D B D
T U B E N V E L O P P E O S
X X A H V C F P C T C D U A
B L M N R A Q O H I A O T C
Z V N S A R S T E R I S E V
P A Q U E T C E R O S S I A
B A I G N O I R E I S I L L
I Z L Y C N V W E R E E L I
B Q R P L A T E A U U R E S
D G K G J F D D I W Y X J E
```

SAC
BARIL
BASSIN
PANIER
BOUTEILLE
BOÎTE
SEAU
CARTON
CAISSE
TIROIR

ENVELOPPE
DOSSIER
POT
PAQUET
POCHE
VALISE
PLATEAU
BAIGNOIRE
TUBE
VASE

38 - Summer

```
P L O N G É E C P F Y T U U
S I O Q F G M J A R D I N O
J V M I J U A V C M P M P P
O R U F S B K O D R P A S C
I E S M A I B Y O Y G I Q Q
E S I E N D R A M I S G N T
M R Q R D Q C G I F K N A G
Y T U D A L V E Q P Y H G R
P V E K L B F A M I L L E I
F M R F E D H Y J C H A R B
L W A X S G E N E L W O G C
F É T O I L E S U N U J C E
V A C A N C E S X W Q U L S
T O R E L A X A T I O N L T
```

PLAGE
LIVRES
CAMPING
PLONGÉE
FAMILLE
AMIS
JEUX
JARDIN
JOIE

LOISIR
MUSIQUE
RELAXATION
SANDALES
MER
ÉTOILES
NAGER
VOYAGE
VACANCES

39 - Clothes

```
C H A U S S U R E V A D G L
G A N T S N Z M Z E Y O R A
S P B T C Z W M I S O T B D
C A O J E F G O Z T S S V B
H J N J U F L D J E M Z B Q
E P E D M P K E V N B K I K
M Y U A A U E Y E Q R V J K
I J A X N L P A N T A L O N
S A Q Y T S E Y W A C M U R
I M C H E M I S E B E U X E
E A N J A N G P U L L Z E F
R F F O U L A R D I E P D W
C E I N T U R E O E T H J J
C H A P E A U H S R O B E S
```

TABLIER
CEINTURE
CHEMISIER
BRACELET
MANTEAU
ROBE
MODE
GANTS
CHAPEAU
VESTE

JEANS
BIJOUX
PYJAMA
PANTALON
SANDALES
FOULARD
CHEMISE
CHAUSSURE
JUPE
PULL

40 - Insects

```
M Q U P A P I L L O N C F P
O P G U Ê P E R L L V I O G
U E D C N A P U C E U G U I
C T H E D B V H U D W A R B
H E C R I Q U E T T S L M M
E R C O C C I N E L L E I A
R M M N K A Z L F R E L O N
O I U B D F B M P L B I H T
N T W G C A G E M L D N S E
P E Y E O R Z M I D I Y L V
S F Y Z X D T X V L P Q A X
L I B E L L U L E E L S R F
S A U T E R E L L E R E V G
P L V O M O U S T I Q U E G
```

FOURMI
PUCERON
ABEILLE
PAPILLON
CIGALE
CAFARD
LIBELLULE
PUCE
MOUCHERON
SAUTERELLE

FRELON
COCCINELLE
LARVE
CRIQUET
MANTE
MOUSTIQUE
TERMITE
GUÊPE
VER

41 - Astronomy

```
R N L E C C R C F W X R B A
A Y M N I Q F U O U R S L S
D S I T E R R E É S S P A T
I M G B L B F L C S M É N É
A P L A N È T E L A É O E R
T Z A J L H T R I T T É S O
I A F C P A O O P E É Q F Ï
O L G A F X X K S L O U X D
N O O L U N E I E L R I I E
A S T R O N O M E I E N N S
C O N S T E L L A T I O N Y
S U P E R N O V A E Y X P U
O B S E R V A T O I R E C R
S G Q B A S T R O N A U T E
```

ASTÉROÏDE
ASTRONAUTE
ASTRONOME
CONSTELLATION
COSMOS
TERRE
ÉCLIPSE
ÉQUINOXE
GALAXIE
MÉTÉORE
LUNE
OBSERVATOIRE
PLANÈTE
RADIATION
FUSÉE
SATELLITE
CIEL
SUPERNOVA

42 - Pirates

```
D A N G E R É P L A G E A H
Q V G O F E P O P R T O V S
Z G O B A G É I H Y R C E V
F M V M Q J E N È E T B N E
C A P I T A I N E C O O T Q
P U É N Q G R O T T E U U D
E V Q T R É S O R F S S R P
R A U L A D K N N Z Z S E R
R I I É N B J Z P T Q O L H
O S P G C P J D A U G L S U
Q V A E R K Î Z H W H E C M
U R G N E R L C A R T E C V
E C E D E C E I J N Y O Y X
T K C E D R A P E A U R H R
```

AVENTURE
ANCRE
MAUVAIS
PLAGE
CAPITAINE
GROTTE
PIÈCES
BOUSSOLE
ÉQUIPAGE
DANGER

DRAPEAU
OR
ÎLE
LÉGENDE
CARTE
PERROQUET
RHUM
ÉPÉE
TRÉSOR

43 - Time

```
Y K L V L C V N A T P D A M
H L C V A A F L U B O É N A
H M G Z O L R K J I N C N I
Z H M H U E I S O E T E U N
S E M A I N E P U N V N E T
F U T U R D A O R T J N L E
H R V X S R Z Z D Ô W I R N
A E Z U I I K C H T Y E B A
V N K F È E J O U R Y Z W N
A M N K C R V U I H I E R T
N I A É L M O I S A H X U D
T D K T E K V F H K Q B G G
S I P M I N U T E D W A B N
C H J G V N H O R L O G E L
```

ANNUEL
AVANT
CALENDRIER
SIÈCLE
HORLOGE
JOUR
DÉCENNIE
FUTUR
HEURE
MINUTE

MOIS
MATIN
NUIT
MIDI
MAINTENANT
BIENTÔT
AUJOURD'HUI
SEMAINE
ANNÉE
HIER

44 - Buildings

```
T H É Â T R E C H Â T E A U
H P C Q P U V C I P O M K K
Ô Ô L R G S P A S N N O X Q
T I P Z U I Q B T A É F G U
E R E I P N É I A X B M R T
L P U J T E C N D L A B A E
Y H R J K A O E E M L X N N
V P B W M N L E D U U C G T
A P P A R T E M E N T S E E
Z S U P E R M A R C H É É F
J G C B D T O U R K T P R E
T A M B A S S A D E U P L R
L A B O R A T O I R E T P M
O B S E R V A T O I R E V E
```

APPARTEMENT
GRANGE
CABINE
CHÂTEAU
CINÉMA
AMBASSADE
USINE
FERME
HÔPITAL
HÔTEL

LABORATOIRE
MUSÉE
OBSERVATOIRE
ÉCOLE
STADE
SUPERMARCHÉ
TENTE
THÉÂTRE
TOUR

45 - Herbalism

```
B L F M O B A S I L I C N E
É S S A F R A N N N N P D S
N N R R T W P L G E D H N T
É Z I J X O P E R S I L N R
F E N O U I L Y É X F O M A
I Q G L A V A N D E R R M G
Q I U A H X N C I Q O I R O
U L X I P W T F E B M G S N
E B M N K I E R N G A A A K
X S F E U W Y J T X R N V D
C U L I N A I R E U I U E O
A R O M A T I Q U E N J U O
V E R T O Y H A I L V C R R
J A R D I N I E F L E U R K
```

AROMATIQUE
BASILIC
BÉNÉFIQUE
CULINAIRE
FENOUIL
SAVEUR
FLEUR
JARDIN
AIL
VERT

INGRÉDIENT
LAVANDE
MARJOLAINE
MENTHE
ORIGAN
PERSIL
PLANTE
ROMARIN
SAFRAN
ESTRAGON

46 - Toys

```
B O K R O B O T P P P B K D
A R J J K J B S L U L T X D
L I V R E S T A J B Z I Q O
L H I K C T O J T A K Z A G
E N K J E U X N C E W H L H
N V E C R A Y O N S A C A E
F K B V F A R G I L E U P N
A S N H V O I T U R E T O U
V V É L O É C H E C S Q U X
O X I F L W A V Z W J W P G
R J F O A W G S D X Z P É H
I N Y D N F T F X L K J E H
F D Q B T A M B O U R S K W
A R T I S A N A T R A I N H
```

AVION
BALLE
VÉLO
BATEAU
LIVRES
VOITURE
ÉCHECS
ARGILE
ARTISANAT

CRAYONS
POUPÉE
TAMBOURS
FAVORI
JEUX
CERF-VOLANT
PUZZLE
ROBOT
TRAIN

47 - Vehicles

B	F	U	S	É	E	G	F	K	O	R	H	U	O
F	A	S	W	M	J	I	E	C	G	X	B	E	K
P	W	W	Z	É	F	G	R	A	D	E	A	U	M
N	A	V	E	T	T	E	R	R	Q	T	R	T	S
E	L	V	J	R	R	E	Y	A	E	S	G	R	C
U	V	Q	I	O	R	K	M	V	C	Q	Q	A	O
S	É	O	S	O	U	S	M	A	R	I	N	C	O
C	L	M	I	X	N	S	T	N	X	H	H	T	T
A	O	O	K	T	L	M	A	E	J	L	M	E	E
M	Z	T	D	C	U	E	X	A	Y	I	U	U	R
I	J	E	V	K	D	R	I	D	Z	D	A	R	S
O	P	U	O	F	C	O	E	B	A	T	E	A	U
N	R	R	A	M	B	U	L	A	N	C	E	X	M
H	É	L	I	C	O	P	T	È	R	E	I	F	B

AVION
AMBULANCE
VÉLO
BATEAU
BUS
VOITURE
CARAVANE
FERRY
HÉLICOPTÈRE
MOTEUR
RADEAU
FUSÉE
SCOOTER
NAVETTE
SOUS-MARIN
MÉTRO
TAXI
PNEUS
TRACTEUR
CAMION

48 - Flowers

```
B L N H T O U R N E S O L T
J O I U I M A G N O L I A E
O R U L T B S P J M M T E Q
N C L Q A C I A J A S M I N
Q H A Y U S A S O R R P T E
U I V S N E R S C G R L R T
I D A Z M Q T I V U U U È T
L É N L Y S B F V E S M F F
L E D H Y Q Y L E R Z E L I
E T E F P A V O T I H R E D
P É T A L E T R B T Y I U L
V P I V O I N E Y E R A R S
X P I S S E N L I T S K L S
G A R D É N I A T U L I P E
```

BOUQUET
TRÈFLE
JONQUILLE
MARGUERITE
PISSENLIT
GARDÉNIA
HIBISCUS
JASMIN
LAVANDE
LILAS

LYS
MAGNOLIA
ORCHIDÉE
PASSIFLORE
PIVOINE
PÉTALE
PLUMERIA
PAVOT
TOURNESOL
TULIPE

49 - Town

```
G M G M B X C R T G P F K M
I A P J O B I H Z L A L X U
L G L C L I N I Q U E E W S
I A Y E E Z É I I V A U S É
L S S N R Q M M R H C R A E
A I T A L I A Q I L H I É I
I N A H B J E S R K Y S R L
J A D X É B A N Q U E T O J
U P E Q O Â I P O F Z E P H
B I B L I O T H È Q U E O Ô
Z O O F P M A R C H É R R T
É C O L E W H E E A O X T E
P H A R M A C I E F U B B L
S U P E R M A R C H É H A X
```

AÉROPORT
BANQUE
CINÉMA
CLINIQUE
FLEURISTE
GALERIE
HÔTEL
BIBLIOTHÈQUE
MARCHÉ

MUSÉE
PHARMACIE
ÉCOLE
STADE
MAGASIN
SUPERMARCHÉ
THÉÂTRE
ZOO

50 - Antarctica

```
C N T E M P É R A T U R E G
E O U R W D D Y H O M Z C É
X I N A E A U L C P I C O O
P S X S G C D W R O G H N G
É E D U E E O Q I G R E T R
D A Y L O R A G Q R A R I A
I U B R A U V B U A T C N P
T X A P Q D F A E P I H E H
I Y R G S U Q I T H O E N I
O R Î L E S D E T I N U T E
N G L A C I E R S E O R L N
N R O C H E U X Y J R N P L
S C I E N T I F I Q U E W Z
P É N I N S U L E E S F I L
```

BAIE
OISEAUX
NUAGE
CONSERVATION
CONTINENT
CRIQUE
EXPÉDITION
GÉOGRAPHIE
GLACIERS
GLACE

ÎLES
MIGRATION
PÉNINSULE
CHERCHEUR
ROCHEUX
SCIENTIFIQUE
TEMPÉRATURE
TOPOGRAPHIE
EAU

51 - Ballet

```
R V D A N S E U R S J R E C
É U P K R M V Z N P Y G X H
P Z B K W T U Y X P A F P O
É R W A L A I S Y U V H R R
T U N O E B M S C B L W E É
I X R R Ç B U T T L E A S G
T N Y C O N S Y Y I E Y S R
I S T H N P I L W C Q S I A
O H H E S O Q E T K Z U F P
N P M S N V U Z E S U A E H
N X E T J S E R Z B G G E I
V I G R A C I E U X Y I F E
F K G E S T E T K A G H T O
P R A T I Q U E É C Q F V M
```

ARTISTIQUE
PUBLIC
CHORÉGRAPHIE
DANSEURS
EXPRESSIF
GESTE
GRACIEUX
INTENSITÉ
LEÇONS
MUSCLES
MUSIQUE
ORCHESTRE
PRATIQUE
RÉPÉTITION
RYTHME
STYLE

52 - Human Body

```
É U I C D M O B C O U D E I
M P O O G S R B H K W A J B
N W A U G M E C E R V E A U
S Z T U J C I C V D F S M L
E D M I L Y L F I L F A B G
T H O R R E L I L T V N E E
N E S Y R V E G L D Ê G O N
M Â C H O I R E E O H T S O
B A N E M S V V N I X X E U
S K I K E A I H Z G H Z P C
I J L N N G L C M T X T H Œ
P E A U T E B O U C H E F U
O Q Z U O D D N P Q Y K L R
N E Z F N S H X J G Q V M U
```

CHEVILLE
SANG
OS
CERVEAU
MENTON
OREILLE
COUDE
VISAGE
DOIGT
MAIN

TÊTE
CŒUR
MÂCHOIRE
GENOU
JAMBE
BOUCHE
COU
NEZ
ÉPAULE
PEAU

53 - Musical Instruments

```
E V I T V E T O D H G Z V K
Y B W A M A R I M B A P I V
D H V M J G O N G W M M O B
C M P B B B M G F O T J L I
C L H O G B P U V L F N O T
D A A U S M E I I S Û S N R
V A R R E P T T O J H T C O
Q D P I I E T A L B H A E M
E G E N L N E R O A R M L B
P I A N O L E E N N V B L O
B A S S O N O T U J Q O E N
R Q F W N G L N T O T U C E
H A U T B O I S S E T R W C
W D S A X O P H O N E K T I
```

BANJO
BASSON
VIOLONCELLE
CARILLONS
CLARINETTE
TAMBOUR
FLÛTE
GONG
GUITARE
HARPE
MARIMBA
HAUTBOIS
PIANO
SAXOPHONE
TAMBOURIN
TROMBONE
TROMPETTE
VIOLON

54 - Fruit

```
R P P F R A M B O I S E V M
A O N Ê C E R I S E Q J S A
I M N E C T A R I N E Z W N
S M U C Z H A V O C A T V G
I E F T M S E A N A N A S U
N O I X D E C O C O Y G S E
U Q G P A P A Y E B W Z K W
P C U O Q Y J J C E B S N G
O I E M Y U M E L O N B N K
I T F I T A H A Q T H A I N
R R L Y Y Y V A X J K I W I
E O M I Z F K E S E G E Q U
I N J Y H A B R I C O T R R
B A N A N E Q A H Q T Q M H
```

POMME
ABRICOT
AVOCAT
BANANE
BAIE
CERISE
NOIX DE COCO
FIGUE
RAISIN
GOYAVE

KIWI
CITRON
MANGUE
MELON
NECTARINE
PAPAYE
PÊCHE
POIRE
ANANAS
FRAMBOISE

55 - Virtues #1

```
P B P R O P R E J D P Z R W
A S O I H X C H A R M A N T
T G É N É R E U X Ô G M X K
I D É C I S I F W L N Z R Y
E F I A B L E U G E J M D P
N O M S W P R A T I Q U E A
T I M A G I N A T I F Z Q S
K I H T A P S S P D L D C S
A R T I S T I Q U E C E U I
I N T E L L I G E N T O R O
I B B M O D E S T E D W I N
I N D É P E N D A N T Z E N
C O N F I A N T J G S I U É
E F F I C A C E Q H E A X G
```

ARTISTIQUE
CHARMANT
PROPRE
CONFIANT
CURIEUX
DÉCISIF
EFFICACE
DRÔLE
GÉNÉREUX
BON

UTILE
IMAGINATIF
INDÉPENDANT
INTELLIGENT
MODESTE
PASSIONNÉ
PATIENT
PRATIQUE
FIABLE
SAGE

56 - Kitchen

```
B S É K A B R C T P U Q A C
A E P E Z O E O F A E I E Y
G R O L O U C H E V S Q U U
U V N D A I E L G W G S H O
E I G N L L T C R U C H E F
T E E O T L T O I W L M W S
T T A U A O E S L X L U I C
E T E R B I Q T A P Y H X O
S E Y R L R O I O B L P B U
F Z K I I E J T Z R U O O T
O J V T E É P I C E S T L E
U F O U R C H E T T E S T A
R É F R I G É R A T E U R U
W D T E C U I L L È R E S X
```

TABLIER
BOL
BAGUETTES
TASSES
NOURRITURE
FOURCHETTES
GRIL
POT
CRUCHE
BOUILLOIRE

COUTEAUX
LOUCHE
SERVIETTE
FOUR
RECETTE
RÉFRIGÉRATEUR
ÉPICES
ÉPONGE
CUILLÈRES

57 - Art Supplies

```
H D Z P P Z T H U T U C A U
V M R A A E E N C R E X C G
O C C P A T I K B Z D A R G
C H A I S E D N Q C K Q Y O
O R M E A U É N T O Y T L M
L C É R F M E D Y U B C I M
L H R A R B S C L L R H Q E
E A A W T T L A G E O E U I
N R M A H I R R E U S V E O
G B M W L U V G L R S A P W
T O T U V E I I C S E L E N
J N W L I K M L T Q S E U R
C R A Y O N S E E É A T R X
F O X Y T A B L E E N M T D
```

ACRYLIQUE
BROSSES
CAMÉRA
CHAISE
CHARBON
ARGILE
COULEURS
CRÉATIVITÉ
CHEVALET
GOMME

COLLE
IDÉES
ENCRE
HUILE
PEINTURE
PAPIER
CRAYONS
TABLE
EAU

58 - Science Fiction

```
H D Y S T O P I E H Y J C V
N X E R Q I L L U S I O N T
H O C O O Y C U A Z W D L E
S A L B Y C L C I N É M A C
V L O O R A C L E O È A A H
F A N T A S T I Q U E T N N
G C E S L I V R E S X O E O
T A S X Y L C K T U P M T L
V Y L D T E T E P T L I Q O
B N H A F R K R K O O Q Q G
D D Y J X S Ê H O P S U X I
X D D X C I D M F I I E G E
U P J P U J E Z E E O H P G
M Y S T É R I E U X N X E H
```

ATOMIQUE
LIVRES
CINÉMA
CLONES
DYSTOPIE
EXPLOSION
EXTRÊME
FANTASTIQUE
FEU
GALAXIE
ILLUSION
MYSTÉRIEUX
ORACLE
PLANÈTE
ROBOTS
TECHNOLOGIE
UTOPIE

59 - Kindness

```
F A X T A T O L É R A N T G
I U A Q M S R Q Y E Y I V H
A T U O I N É L S S S N C O
B H T V C J C E W P V B L N
L E T K A Q E I Z E M Y W N
E N E F L H P A A C S Y I Ê
O T V C P A T P A T I E N T
A I M A N T I T G U T I L E
K Q T Y K J F U Q E G N F Z
J U V A F F E C T U E U X W
H E U R E U X A D X M E T N
A T T E N T I F O A M P N C
Z N G É N É R E U X X T M C
N L A F M Q O O X I I V B I
```

AFFECTUEUX
ATTENTIF
AMICAL
GÉNÉREUX
DOUX
AUTHENTIQUE
HEUREUX
UTILE

HONNÊTE
AIMANT
PATIENT
RÉCEPTIF
FIABLE
RESPECTUEUX
TOLÉRANT

60 - Airplanes

```
B É H M H A A A I R D U E E
A Q I Y É V L E M G E Q Q I
L U S Z L E T V Z Q S B O M
L I T I I N I O Y C C I E L
O P O A C T T W S W E M C E
N A I T E U U B Z Q N P A I
G G R M S R D B Z D T S R I
G E E O E E E W M Q E J B L
C O N S T R U C T I O N U P
K O M P A S S A G E R S R I
U E N H M O T E U R T H A L
R E U È H A U T E U R R N O
E E W R D E S I G N L D T T
A L W E H Y D R O G È N E E
```

AVENTURE
AIR
ALTITUDE
ATMOSPHÈRE
BALLON
CONSTRUCTION
ÉQUIPAGE
DESCENTE
DESIGN

MOTEUR
CARBURANT
HAUTEUR
HISTOIRE
HYDROGÈNE
PASSAGER
PILOTE
HÉLICES
CIEL

61 - Ocean

```
T O R T U E M É D U S E S E
R E Q U I N G G I P U J P W
D H M A R É E S V H P L S C
V A É P O N G E T H O N E R
Y Z U L Ê C A N G U I L L E
G X L P O T N G J Î S F X V
K Z V M H L E Q F T S B X E
C Q S S S I Q V C R O A X T
I C P L T T N D B E N L Z T
G I O C R A B E Z C R G A E
X F U R É C I F L T N U P T
R Y L V A G U E S N S E K D
X Z P E C I X J L B X K T I
T S E N B A L E I N E H D Y
```

CORAIL
CRABE
DAUPHIN
ANGUILLE
POISSON
MÉDUSE
POULPE
HUÎTRE
RÉCIF
SEL

ALGUE
REQUIN
CREVETTE
ÉPONGE
TEMPÊTE
MARÉES
THON
TORTUE
VAGUES
BALEINE

62 - Birds

```
P É L I C A N Y M O T V P M
A E A C H V J O L W I R S O
O Y R P O U L E T S P E H I
N C O R B E A U P H V L É N
T Y X D O Z Y F Y O J S R E
F G B Z K Q F U C F H B O A
L N Q G B E U L A A I Y N U
A E A I G L E E U S N U Y X
M A N C H O T F T I R A Z E
A C A N A R I Q R N R M R M
N J B O O B M K U N T X R D
T C I G O G N E C O U C O U
T O U C A N M K H G B E R Y
S Y C O L O M B E J R A G Y
```

CANARI
POULET
CORBEAU
COUCOU
COLOMBE
CANARD
AIGLE
OEUF
FLAMANT
OIE

HÉRON
AUTRUCHE
PERROQUET
PAON
PÉLICAN
MANCHOT
MOINEAU
CIGOGNE
CYGNE
TOUCAN

63 - Art

```
S L P B J M F F I P Q B K Q
C O M P O S I T I O N B Z C
S U J E T G G C U É J Q D F
S S X T G P U I N S P I R É
I C Y H C É R A M I Q U E X
M O U M Q I E E E E O T D A
P M V L B D É P E I N D R E
L P I R P O R I G I N A L V
E L S E H T L H O N N Ê T E
W E U Y I E U E C R É E R V
M X E H E X P R E S S I O N
W E L X S H U M E U R I D C
S U R R É A L I S M E Q W X
Q E X P E R S O N N E L O H
```

CÉRAMIQUE
COMPLEXE
COMPOSITION
CRÉER
EXPRESSION
FIGURE
HONNÊTE
INSPIRÉ
HUMEUR
ORIGINAL
PERSONNEL
POÉSIE
DÉPEINDRE
SCULPTURE
SIMPLE
SUJET
SURRÉALISME
SYMBOLE
VISUEL

64 - Nutrition

```
V P H D K Y G I X C K F N N
A R É A A P P É T I T E H U
G O V Q B P X V E S F R B T
D T I L U I Y B C A A M E R
I É T C S I T O X I N E W I
G I A O A G L U L N Q N O T
E N M M V L P I D I È T E I
S E I E E U O M B E R A X F
T S N S U C I R Z R S T S K
I A E T R I D Q I R É I A U
O U C I A D S R M E J O N G
N C Q B H E P L J I S N T T
I E A L O S Q U A L I T É S
H J P E S M K M H O W B Z J
```

APPÉTIT
ÉQUILIBRÉ
AMER
CALORIES
GLUCIDES
DIÈTE
DIGESTION
COMESTIBLE
FERMENTATION
SAVEUR

HABITUDES
SANTÉ
SAIN
NUTRITIF
PROTÉINES
QUALITÉ
SAUCE
TOXINE
VITAMINE
POIDS

65 - Hiking

```
M S L H V W E A U F V H P S
E A Y S P M S O L E I L A X
P U C Q I L O C A R T E R O
X V D D E D A N G E R S C R
N A T U R E B K T B R V S I
M G W C R A K O R A W H O E
R E B X E C N G T A G Y M N
L X P I S K Y I O T M N M T
C A M P I N G G M J E M E A
C L I M A T G C J A G S T T
M O G U I D E S B L U E S I
Z U F A L A I S E A P X R O
D R P R É P A R A T I O N N
E D P F F A T I G U É B W E
```

ANIMAUX
BOTTES
CAMPING
FALAISE
CLIMAT
GUIDES
DANGERS
LOURD
CARTE
MONTAGNE

NATURE
ORIENTATION
PARCS
PRÉPARATION
PIERRES
SOMMET
SOLEIL
FATIGUÉ
EAU
SAUVAGE

66 - Professions #1

```
I E V Z M A R I N B L R O C
A N L Q S U R L H A C Q E A
M T F P V P S M A N H Z N R
B R T I Z L G I O Q A S A T
A A K A R O É G C U S R V O
S Î M N A M D N Y I S D O G
S N G I S B I H P E E A C R
A E É S T I T È Y R U N A A
D U O T R E E P R W R S T P
E R L E O R U V F E O E V H
U H O S N R R N I O R U X E
R A G J O A L N N Z R R U L
J W U K M É D E C I N A U E
V S E U E B I J O U T I E R
```

AMBASSADEUR
ASTRONOME
AVOCAT
BANQUIER
CARTOGRAPHE
ENTRAÎNEUR
DANSEUR
MÉDECIN
ÉDITEUR

GÉOLOGUE
CHASSEUR
BIJOUTIER
MUSICIEN
INFIRMIÈRE
PIANISTE
PLOMBIER
MARIN

67 - Dinosaurs

```
P  E  S  P  È  C  E  L  E  H  A  Q  R  D
Q  U  R  E  P  T  I  L  E  E  I  Y  A  I
T  A  I  L  L  E  A  T  D  R  L  T  P  S
A  F  O  S  S  I  L  E  S  B  E  S  A  P
I  H  I  V  S  M  I  L  W  I  S  S  C  A
T  E  R  R  E  A  É  L  É  V  O  T  E  R
Q  O  C  U  O  M  N  I  V  O  R  E  V  I
P  U  X  X  Q  M  O  T  O  R  R  M  I  T
V  R  E  Y  Y  O  R  H  L  E  U  H  C  I
I  B  O  U  K  U  M  Y  U  T  D  B  I  O
P  K  J  I  E  T  E  B  T  Y  M  A  E  N
O  Y  B  I  E  H  I  B  I  T  D  R  U  K
P  E  C  A  R  N  I  V  O  R  E  G  X  H
G  R  A  N  D  P  K  S  N  W  L  J  W  C
```

CARNIVORE
DISPARITION
TERRE
ÉNORME
ÉVOLUTION
FOSSILES
HERBIVORE
GRAND
MAMMOUTH
OMNIVORE

PUISSANT
PROIE
RAPACE
REPTILE
TAILLE
ESPÈCE
QUEUE
VICIEUX
AILES

68 - Barbecues

```
N T V C M D G O M A R D I D
F O O E G P S U G V B P C W
O E U M O H A B P X X D L J
U N F R A C U O O É E F B H
R F U J R T C O U T E A U X
C A F L E I E J L É A M I S
H N G R I L T S E F A I M L
E T C I U V S U T N Q L O É
T S J X N I V O R T Q L V G
T D Î N E R T B H E N E B U
E S A L A D E S C H A U D M
S N J E U X M U S I Q U E E
S E L F J K Z Z G A X F A S
W O F Y A U G X M N K A Y R
```

POULET
ENFANTS
DÎNER
FAMILLE
NOURRITURE
FOURCHETTES
AMIS
FRUIT
JEUX
GRIL

CHAUD
FAIM
COUTEAUX
MUSIQUE
SALADES
SEL
SAUCE
ÉTÉ
TOMATES
LÉGUMES

69 - Surfing

```
N F Y B P P C M A D I S O X
S R K E A L N Z N S I A T H
C T É V G A A T H L È T E M
U Y Y C A G G J A J E I E O
R U C L I E E B I J X Z S U
I Z U P E F R B C I T B T S
D D F X Q X O N N V R E O S
É X K F L E C U A I Ê T M E
B M M L M O É X L T M V A Y
U P O P U L A I R E E A C L
T F O R C E N T G S S G A K
A M U S E M E N T S E U E V
N C H A M P I O N E B E M R
T E O R C O M É T É O I N V
```

ATHLÈTE
PLAGE
DÉBUTANT
CHAMPION
FOULES
EXTRÊME
MOUSSE
AMUSEMENT
OCÉAN
PAGAIE

POPULAIRE
RÉCIF
VITESSE
ESTOMAC
FORCE
STYLE
NAGER
VAGUE
MÉTÉO

70 - Chocolate

```
F M N A R H F A V O R I I E
E B O N B O N T R A D P N X
C Q V T D O U X C Ô A U G O
A U Z I C D W R A R M L R T
C A L O R I E S R E F E É I
S L D X G J T C A C A O D Q
U I T Y N O L A M E T Y I U
C T Q D O E Û U E T Q L E E
R É Y A I B A T L T D Q N D
E A M N V Y S A V E U R T A
E J R T N O I X D E C O C O
C A C A H U È T E S A M E R
A R T I S A N A L G X M W F
Z D É L I C I E U X F M D Q
```

ANTIOXYDANT
ARÔME
ARTISANAL
AMER
CACAO
CALORIES
BONBON
CARAMEL
NOIX DE COCO
DÉLICIEUX

EXOTIQUE
FAVORI
SAVEUR
INGRÉDIENT
CACAHUÈTES
QUALITÉ
RECETTE
SUCRE
DOUX
GOÛT

71 - Vegetables

```
C A U B E R G I N E R T P N
A É D G R M O I Z F C U N C
R P Y I Z É C H A L O T E I
O I G N O N H R R H N W H T
T N N G T P A A T C C O B R
T A A E O E M D I P O I S O
E R V M M R P I C W M J E U
C D E B A S I S H C B Q S I
G É T R T I G M A L R W A L
F H L E E L N D U L E F K L
A I L E V S O V T M A U S E
V K T R R Y N B R O C O L I
V M Z T J I S A L A D E O N
C H O U F L E U R T L U H Q
```

ARTICHAUT
BROCOLI
CAROTTE
CHOU-FLEUR
CÉLERI
CONCOMBRE
AUBERGINE
AIL
GINGEMBRE
CHAMPIGNON

OIGNON
PERSIL
POIS
CITROUILLE
RADIS
SALADE
ÉCHALOTE
ÉPINARD
TOMATE
NAVET

72 - Boats

```
A N C R E W J É N X R T N Y
I V K K F G M Q C Z M Q I L
L A C N M B O U É E Â H C F
N K C Y T Z T I G K T R R L
B E A O Y N E P V R F U J E
W T P Y K V U A O C É A N U
C G H A A A R G I O Y W Q V
A A W T V K A E L R A S C E
W J N C F F D K I D E S X M
L E Y O K P E Z E E M M G I
H T X Q Ë G A R R Y A C H T
P M A R É E U R R M A R I N
N A U T I Q U E I Y D O C K
O L U K N F P U W F V M E R
```

ANCRE
BOUÉE
CANOË
ÉQUIPAGE
DOCK
MOTEUR
FERRY
KAYAK
LAC
MÂT

NAUTIQUE
OCÉAN
RADEAU
FLEUVE
CORDE
VOILIER
MARIN
MER
MARÉE
YACHT

73 - Activities and Leisure

```
K N J A R D I N A G E V K N
Y N P R Y E P Ê C H E O Y T
B O W T M K L C O U R S E Q
G O L F J F K A V O Y A G E
F M X U X G I T X U O F Z E
E R T E I Y L E K A T O B S
C A M P I N G N Y I N O A J
O N A G E R X N J N E T S F
J D Z A L I Z I X M T B E Q
H O Z F V A N S X N M A B H
N N B A S K E T B A L L A O
T N N O B G F S U R F L L N
D É P L O N G É E R D A L I
Y E S K P A S S E T E M P S
```

ART
BASE-BALL
BASKET-BALL
BOXE
CAMPING
PLONGÉE
PÊCHE
JARDINAGE
GOLF
RANDONNÉE

PASSE-TEMPS
PEINTURE
COURSE
RELAXANT
FOOTBALL
SURF
NAGER
TENNIS
VOYAGE

74 - Driving

```
Q V W V O F C C T T A F T V
Q O M K E W G A B U C H R N
V I T E S S E M S N C G A Q
C T M O T O Y I É N I A F T
A U C A R T E O C E D Z I P
R R S G M T Q N U L E V C O
B E J D K J Z F R G N N R X
U G U B Q P M P I É T O N V
R A B A Q Y O W T Q N T K F
A R T T B L T L É J U P P R
N A D A N G E R I E F J F E
T G I O D L U I W C P J B I
R E H L O I R O U T E G N N
L Z P M K L I C E N C E E S
```

ACCIDENT
FREINS
VOITURE
DANGER
CARBURANT
GARAGE
GAZ
LICENCE
CARTE
MOTEUR

MOTO
PIÉTON
POLICE
ROUTE
SÉCURITÉ
VITESSE
TRAFIC
CAMION
TUNNEL

75 - Professions #2

```
P H I L O S O P H E M G T L
P I T Y R V C C L D G K K J
H E L D H S D H I Y O E R H
A O I O H W D E N T I S T E
T S L N T F A R G M I E D C
R D T F T E K C U É N O É H
C X T R E R T H I D G I T I
H A T D O O E E S E É Z E R
B J U E I N X U T C N C C U
P M S X Y U A R E I I O T R
K D E L J Y L U G N E P I G
F V P I N V E N T E U R V I
J A R D I N I E R E R U E E
I L L U S T R A T E U R B N
```

ASTRONAUTE
DENTISTE
DÉTECTIVE
INGÉNIEUR
JARDINIER
ILLUSTRATEUR
INVENTEUR
LINGUISTE
PEINTRE
PHILOSOPHE
MÉDECIN
PILOTE
CHERCHEUR
CHIRURGIEN

76 - Emotions

```
Q V Z F A B L T M F Y R S C
E X T R I S T E S S E E A O
R S J D É T E N D U S C T N
V G O X W R M D S R Y O I T
C I I H U E B R O P M N S E
E A E E B L A E B R P N F N
H N L T H I R S D I A A A U
G X N M Z E R S L S T I I E
G L C U E F A E D E H S T X
P E U R I B S Z L D I S N N
A M O U R H S X C D E A W V
T E M O R E É N J Y L N O H
G E N T I L L E S S E T R C
C O L È R E X C I T É U M D
```

COLÈRE	AMOUR
ENNUI	PAIX
CALME	DÉTENDU
CONTENU	RELIEF
EMBARRASSÉ	TRISTESSE
EXCITÉ	SATISFAIT
PEUR	SURPRISE
RECONNAISSANT	SYMPATHIE
JOIE	TENDRESSE
GENTILLESSE	

77 - Mythology

```
K V O D I V I N I T É S T V
C N C T M O N S T R E H O A
L R C O M P O R T E M E N T
A L É Q O C C X V A Q U N C
B É C A R G R U J P M X E R
Y G L F T G L O L S D A R É
R E A H A U C V Y T C F R A
I N I M L J R K W A U P E T
N D R C I S N E E F N R O I
T E Z Q T C I E L Q Z C E O
H S J H É R O S U P U L E N
E V E N G E A N C E Y I F S
A R C H É T Y P E H R F H N
V A S C A T A S T R O P H E
```

ARCHÉTYPE
COMPORTEMENT
CROYANCES
CRÉATION
CRÉATURE
CULTURE
DIVINITÉS
CATASTROPHE
CIEL

HÉROS
IMMORTALITÉ
LABYRINTHE
LÉGENDE
ÉCLAIR
MONSTRE
VENGEANCE
TONNERRE

78 - Hair Types

```
O E S E C M L L É P A I S F
S N O I R I D E O G A J S R
A W D K W N W L Q N D W R I
I M H U W C O U R T G O L S
N F F J L E M Y T R E S S É
B X L Z E É O I J E B W C G
G R I S O T V F I S R F F L
K B L O N D M K D S I D Q R
T O O M C H A U V E L Z N Q
G U B I A M F N V S L J Y I
T C O L O R É H H K A K M M
B L A N C E R C W W N S B L
H E F J R S U O O H T L E A
W S D O U X O Z N W P L B X
```

CHAUVE
NOIR
BLOND
TRESSÉ
TRESSES
MARRON
COLORÉ
BOUCLES
FRISÉ
SEC

GRIS
SAIN
LONG
BRILLANT
COURT
DOUX
ÉPAIS
MINCE
ONDULÉ
BLANC

79 - Furniture

```
T O É W M G F C O M M O D E
V R T A P B V U H A M A C G
W E A R P I W M T A Z U L M
E I G M U B A N C O I X Z Z
C L È O R L A M P E N S Q C
A L R I H I M I R O I R E O
N E E R T O A U Q N J C Z U
A R S E P T M A T E L A S S
P B X U M H M M S H T I F S
É U W U H È S Z O V D U T I
T R Z G R Q R I D E A U X N
C E R F A U T E U I L F L S
T A P I S E V H P R E E R W
X U A Y W F P H D B O O W W
```

FAUTEUIL
ARMOIRE
LIT
BANC
BIBLIOTHÈQUE
CHAISE
CANAPÉ
RIDEAUX
COUSSINS
BUREAU
COMMODE
FUTON
HAMAC
LAMPE
MATELAS
MIROIR
OREILLER
TAPIS
ÉTAGÈRES

80 - Garden

```
H E R B E U L V E R G E R O
V A M X T R A M P O L I N E
I O M L A W S A I C Q D D Y
G É T A N G P T C H V P X P
N P O R C H E E L E B E N V
E Z L Q V E R R Ô S A L M K
F L E U R O J R T F N L X F
P M V R Â T E A U Q C E J A
C G A R A G E S R B O E F T
V T P E L O U S E D O H X T
B U I S S O N E R T I P D L
K Y H G A F A R B R E N S X
P A I C J B I I V J H V E V
E U G P G A C S R I A M Q R
```

BANC
BUISSON
CLÔTURE
FLEUR
GARAGE
JARDIN
HERBE
HAMAC
TUYAU
PELOUSE

VERGER
ÉTANG
PORCHE
RÂTEAU
ROCHES
PELLE
TERRASSE
TRAMPOLINE
ARBRE
VIGNE

81 - Birthday

```
B O U G I E S L A R O I S C
C O X M U Z C Y A N É F J A
S H E U R E U X I L N V O L
P P V G L B M X N F J É Y E
É T E M P S I V V C P A E N
C H A N S O N X I V S M U D
I A P B N X G Â T E A U X R
A Y D J O U R U A S G S C I
L S X E P A F Ê T E E E A E
A U K U A P F K I C S M R R
U P B N K U H A O S S E T U
T E M E N L N R N G E N E T
W R L X G D K S S M N T S S
A P P R E N D R E W R L O O
```

NÉ
GÂTEAU
CALENDRIER
BOUGIES
CARTES
FÊTE
JOUR
AMUSEMENT
CADEAU
SUPER

HEUREUX
INVITATIONS
JOYEUX
CHANSON
SPÉCIAL
TEMPS
APPRENDRE
SAGESSE
ANNÉE
JEUNE

82 - Beach

```
J P B S H A V Î S L J Q G J
V A J L A S O L E I L N O R
D R E V E B I E R X M T K É
O A B C R U L X V U S R B C
I P N A I E I E I R A E C I
B L J I T K E Z E C N L O F
P U Y V L E R N T D D A Q A
C I Y O C É A N T I A G U Y
M E R L O H Y U E U L U I H
C R A B E N A G E R E N L N
Ô T I D S M H R M O S E L G
T S W O R B R P S J P J E Y
E V A C A N C E S V H F S U
S W D K F T S V E Z N B H Z
```

BLEU
BATEAU
CÔTE
CRABE
DOCK
ÎLE
LAGUNE
OCÉAN
RÉCIF
VOILIER

SABLE
SANDALES
MER
COQUILLES
SOLEIL
NAGER
SERVIETTE
PARAPLUIE
VACANCES

83 - Adjectives #1

```
X I D E N T I Q U E J I E I
A T T R A C T I F Q I Z X M
I J G M K G R A V E S M O P
B M O D E R N E U W U J T O
O E A C F H O N N Ê T E I R
A A A R O M A T I Q U E Q T
Q M I U N L G S A O N J U A
F Y B W C Z X W M G N Z E N
L M R I É H T O J U P B L T
N E A R T I S T I Q U E O M
T B N S T I A B S O L U U I
N P X T U H E U R E U X R N
S U T I L E Q U Q O R Z D C
G É N É R E U X X H M S N E
```

ABSOLU
AMBITIEUX
AROMATIQUE
ARTISTIQUE
ATTRACTIF
BEAU
FONCÉ
EXOTIQUE
GÉNÉREUX
HEUREUX
LOURD
UTILE
HONNÊTE
IDENTIQUE
IMPORTANT
MODERNE
GRAVE
LENT
MINCE

84 - Rainforest

```
C M N O P R É C I E U X P I
L A J U I Q A X N A A W R N
I M F U A S I E N S P A É D
M M G F N G E H A B N M S I
A I O S L G E A T R C O E G
T F L U O T L G U B B U R È
E È G R L D X E R X E S V N
W R F V R E S P E C T S A E
X E D I V E R S I T É E T Q
D S G E I N S E C T E S I Z
C O M M U N A U T É I N O Q
D Z F T A R E F U G E S N I
R Y Z M J E S P È C E J K L
R E S T A U R A T I O N K Q
```

OISEAUX
CLIMAT
NUAGE
COMMUNAUTÉ
DIVERSITÉ
INDIGÈNE
INSECTES
JUNGLE
MAMMIFÈRES

MOUSSE
NATURE
PRÉSERVATION
REFUGE
RESPECT
RESTAURATION
ESPÈCE
SURVIE
PRÉCIEUX

85 - Technology

```
S L O D I X C A D J K K K E
T O C R O N U M É R I Q U E
A G G M D N T V I R U S C S
T I R E N I N E B U F P A É
I C E S J C N É R S D Q M C
S I C S R C F A E N D Z É U
T E H A S T P F T S E G R R
I L E G N X O F C E S T A I
Q S R E Y F V I R T U E L T
U J C W A F I C H I E R I É
E T H Y X C A H G Y Z L N L
S K E S É C R A N B L O G K
C U R S E U R G O C T E T S
W C A D B B U E P O L I C E
```

BLOG
OCTETS
CAMÉRA
ORDINATEUR
CURSEUR
DONNÉES
NUMÉRIQUE
AFFICHAGE
FICHIER
POLICE

INTERNET
MESSAGE
RECHERCHE
ÉCRAN
SÉCURITÉ
LOGICIEL
STATISTIQUES
VIRTUEL
VIRUS

86 - Landscapes

```
M O N T A G N E V W Y U N M
C A S C A D E D M A R A I S
O C É A N Z D V É P L Q J S
U F D L A C Q O L S M L L A
O G C K X O P L A G E A É M
T L K P N L I C E B E R G E
O A S I S L G A H O C K T R
U C M W E I R N F G M I F K
N I D F C N O F L E U V E D
D E B W P E T I W Y B F E Z
R R V Î H E T P L S F I W L
A Z X J L S E H U E X Q L I
H Z E E A E D L R R U L N N
P É N I N S U L E E Q V O C
```

PLAGE
GROTTE
DÉSERT
GEYSER
GLACIER
COLLINE
ICEBERG
ÎLE
LAC
MONTAGNE

OASIS
OCÉAN
PÉNINSULE
FLEUVE
MER
MARAIS
TOUNDRA
VALLÉE
VOLCAN
CASCADE

87 - Visual Arts

```
C T G S C H E F D Œ U V R E
O A N C R H Z R D D T G C S
M T C U É P E R O G D A É D
P X R L A O B V B F N R R S
O T A P T R A M A I K C A G
S L Y T I T W U R L C H M T
I A O U V R C J T M E I I P
T C N R I A R G I L E T Q E
I F H E T I A C S E S E U I
O W N A É T I I T G S C E N
N S I K R V E R E S V T I T
S T Y L O B D E W D D U P U
N V W L A P O C H O I R O R
M K L H K V R N C L S E E E
```

ARCHITECTURE
ARTISTE
CÉRAMIQUE
CRAIE
CHARBON
ARGILE
COMPOSITION
CRÉATIVITÉ
CHEVALET
FILM
CHEF-D'ŒUVRE
PEINTURE
STYLO
CRAYON
PORTRAIT
SCULPTURE
POCHOIR
CIRE

88 - Plants

```
F E U I L L A G E S B F C P
H S D D J J Y L U A O L A É
A E N G R A I S C T T O C T
R A R B R E C B G M A R T A
I X I B B F L E U R N E U L
C H S J E O Q N J F I E S E
O H L I E R R E A M Q X W X
T I G E F Ê E T R O U U C W
B R K B U T F T D U E L G K
A A M G T C B U I S S O N M
M I I E B O V N N S L O Z L
B Q L E R A C I N E L L C Q
O A K V É G É T A T I O N Q
U G V O A S Z R E S C T D X
```

BAMBOU	FORÊT
HARICOT	JARDIN
BAIE	HERBE
BOTANIQUE	LIERRE
BUISSON	MOUSSE
CACTUS	PÉTALE
ENGRAIS	RACINE
FLORE	TIGE
FLEUR	ARBRE
FEUILLAGE	VÉGÉTATION

89 - Countries #2

```
G H E N M E S A U W C Q W M
J R A Q E A M E X I Q U E W
Y A È Ï N A S O M A L I E B
B Q M C T N Y L I B É R I A
Z T L A E I R J E N É P A L
N M O R Ï W I B V O O A B I
B H R M E Q E X L N U K X B
G N P R I N U Z A I G I U A
A L B A N I E E O G A S K N
E T H I O P I E S E N T J T
D A N E M A R K T R D A A V
R U S S I E A P O I A N P Q
E X K D F S O U D A N Q O P
H Y Z Y H Y W U K R A I N E
```

ALBANIE
DANEMARK
ETHIOPIE
GRÈCE
HAÏTI
JAMAÏQUE
JAPON
LAOS
LIBAN
LIBÉRIA
MEXIQUE
NÉPAL
NIGERIA
PAKISTAN
RUSSIE
SOMALIE
SOUDAN
SYRIE
OUGANDA
UKRAINE

90 - Ecology

```
N A T U R E L E N D E H M P
G V A F R E S S O U R C E S
Q F M N A V X P M R C I D V
F P F A V U X È M A Y M I É
Y B G T B A N C Q B K A V G
F W G U T O X E F L O R E É
S R C R V M P P H E P A R T
K K N E I G L O B A L I S A
X H A B I T A T V Z A S I T
M O N T A G N E S H N Q T I
A S U R V I E Q F O T X É O
R Y C L I M A T K Z E M V N
I O X S É C H E R E S S E A
N C O M M U N A U T É S M F
```

CLIMAT
COMMUNAUTÉS
DIVERSITÉ
SÉCHERESSE
FAUNE
FLORE
GLOBAL
HABITAT
MARIN
MARAIS

MONTAGNES
NATUREL
NATURE
PLANTES
RESSOURCES
ESPÈCE
SURVIE
DURABLE
VÉGÉTATION

91 - Adjectives #2

```
Q A U T H E N T I Q U E A R
N R E S P O N S A B L E C F
D A K H R T S A I N F I E R
F Y T S A U V A G E C N O C
S B D U N P R O D U C T I F
A O L K R O D A H Q H É É O
L L M D D E U H N Z A R L R
É S O N F C L V U V U E É T
S L L P O É M L E F D S G B
X C A D G L V M P A O S A U
O T B G Q È E B B I U A N J
X O Z U F B F N B M É N T W
A D E S C R I P T I F T F F
Y F B U S E C R É A T I F A
```

AUTHENTIQUE
CRÉATIF
DESCRIPTIF
SEC
ÉLÉGANT
CÉLÈBRE
DOUÉ
SAIN
CHAUD
FAIM

INTÉRESSANT
NATUREL
NOUVEAU
PRODUCTIF
FIER
RESPONSABLE
SALÉ
SOMNOLENT
FORT
SAUVAGE

92 - Math

```
E X P O S A N T J I N C W A
A N G L E S Y M É T R I E R
J O R E C T A N G L E R I I
Z M D I A M È T R E N C G T
M B P A R A L L È L E O C H
P R C F T J A N B D É N A M
F E P X R A Y O N I Q F R É
D S B O V A U D O V U É R T
F É I B L I C K Z I A R É I
H U C U E Y M T A S T E P Q
D S D I A D G K I I N W U
L X V V M Y E O M O O C D E
Z D D U V A X I N N N E X A
T R I A N G L E F E C J H H
```

ANGLES
ARITHMÉTIQUE
CIRCONFÉRENCE
DÉCIMAL
DIAMÈTRE
DIVISION
ÉQUATION
EXPOSANT
FRACTION

NOMBRES
PARALLÈLE
POLYGONE
RAYON
RECTANGLE
CARRÉ
SYMÉTRIE
TRIANGLE

93 - Water

```
I G A V H J J I R O F X K G
D P A P F U C R T G L A C E
W O U T J A M R W R E A P Y
É T V T H B D I D Y U U C S
V A P E U R O G D K V L C E
A B L R M M U A E I E R A R
P L U K I W C T N X T O N E
O E I N D K H I G M A É A A
R C E C E Y E O N B M K L R
A C É N I N O N D A T I O N
T X W A V M M O U S S O N E
I C G A N E I G E E W R X B
O U R A G A N E V A G U E S
N Y W T H P D L L J Q Q T B
```

CANAL
HUMIDE
POTABLE
ÉVAPORATION
INONDATION
GEL
GEYSER
OURAGAN
GLACE
IRRIGATION
LAC
HUMIDITÉ
MOUSSON
OCÉAN
PLUIE
FLEUVE
DOUCHE
NEIGE
VAPEUR
VAGUES

94 - Activities

```
A J I C H A S S E J P N K K
R R E N Y B X G R O H I M F
T A T U T S O T A F O L N H
I N N A X É Y H P B T E C C
S D J C R B R G C L O C É O
A O A T E L B Ê L O G T R U
N N R I L A G R T I R U A T
A N D V A C C R M S A R M U
T É I I X A C V A I P E I R
P E N T A M V D G R H G Q E
Ê G A É T P L A I S I R U Z
C T G B I I C N E B E B E V
H J E N O N F S O V Q F U Y
E U T D N G M E S S Q H I Y
```

ACTIVITÉ
ART
CAMPING
CÉRAMIQUE
ARTISANAT
DANSE
PÊCHE
JEUX
JARDINAGE
RANDONNÉE
CHASSE
INTÉRÊTS
LOISIR
MAGIE
PHOTOGRAPHIE
PLAISIR
LECTURE
RELAXATION
COUTURE

95 - Literature

```
A J W O M É T A P H O R E R
Y N C K L N M N F Q E O G Y
P C A T V F R E U W G M S T
O O B L M D I C Z I Z A T H
É M A C Y E M D X P F N Y M
T P N O T S E O V I H E L E
I A A N A C E T I K K N E W
Q R L C N R L E W G Y T Y G
U A O L B I O G R A P H I E
E I G U C P P O È M E È A K
Q S I S W T E H Q Z M M D F
B O E I D I A L O G U E L G
G N O O B O F I C T I O N E
A N E N V N A U T E U R Y R
```

ANALOGIE
ANALYSE
ANECDOTE
AUTEUR
BIOGRAPHIE
COMPARAISON
CONCLUSION
DESCRIPTION
DIALOGUE

FICTION
MÉTAPHORE
ROMAN
POÈME
POÉTIQUE
RIME
RYTHME
STYLE
THÈME

96 - Geography

```
O I D B T X Y K E X K G A F
C B M L A T I T U D E M E R
É O O I H L A L S T R O N M
A U N R É V T T M S N N Z É
N E D T M G V I L L E T S R
D S E E I X F V T A H A C I
S T P R S N L V W U S G A D
L R K R P O E W T U D N R I
W X Y I H J U N S E L E T E
W C N T È M V D T D C Y E N
G M N O R D E R É G I O N C
O G A I E W Q H C J C A T Y
W N F R G M U D S L W E X C
I H Y E Î L E P A Y S U D D
```

ALTITUDE	MONTAGNE
ATLAS	NORD
VILLE	OCÉAN
CONTINENT	RÉGION
PAYS	FLEUVE
HÉMISPHÈRE	MER
ÎLE	SUD
LATITUDE	TERRITOIRE
CARTE	OUEST
MÉRIDIEN	MONDE

97 - Pets

```
V E C F H L D H S V Z L S P
É D C H I E N D V S Q A O O
T N O U R R I T U R E I U I
É P L T U Y V E W Q P S R S
R E L J C C A N O K U S I S
I R I F S H C H È V R E S O
N R E F Z A H H E A U X U N
A O R P H T E P A T T E S E
I Q C S M R C S Z M P F V I
R U H L É Z A R D N S A H Y
E E A B A X F B J I K T B G
W T T I J P C H I O T W E Z
V X O X X B I T O R T U E R
W I N H U R M N Z H C O M G
```

CHAT
COLLIER
VACHE
CHIEN
POISSON
NOURRITURE
CHÈVRE
HAMSTER
CHATON
LAISSE

LÉZARD
SOURIS
PERROQUET
PATTES
CHIOT
LAPIN
QUEUE
TORTUE
VÉTÉRINAIRE
EAU

98 - Nature

```
D D A U F P F A L A I S E S
K F R B G E A É H G W S P H
T Z C O V F U I R E E J X V
V I T A L F X I S O O V G T
S O I N U A G E L I S R E R
U S Q I V L B H A L B I Y D
P T U M T R O P I C A L O Y
Y E E A L F D Q Z A B G E N
B R O U I L L A R D E S E A
J L C X Z E T S R É I E Z M
J D B E A U T É W S L R M I
F O R Ê T V L Q C E L E T Q
J K G G R E G N S R E I F U
G L A C I E R Z I T S N Z E
```

ANIMAUX
ARCTIQUE
BEAUTÉ
ABEILLES
FALAISES
NUAGE
DÉSERT
DYNAMIQUE
ÉROSION
BROUILLARD
FEUILLAGE
FORÊT
GLACIER
PAISIBLE
FLEUVE
SEREIN
TROPICAL
VITAL

99 - Championship

```
M É D A I L L E L D L F C M
M T O U R N O I Q J S I H O
Z É R E S P I R E R F N A T
G Q I A N Y O D U R Y A M I
J U G E N S P O R T S L P V
X I K J S S H Q H J Z I I A
C P U Z S T P T Z T O S O T
H E J E U X R I D K N T N I
A L G F N G H A R P J E N O
M X I C F F K N T A N F A N
P H G G U G G F N É T U T W
I U L J U P J Z M B G I D O
O C T S U E J B R K M I O Q
N E N D U R A N C E I K E N
```

CHAMPION
CHAMPIONNAT
ENDURANCE
FINALISTE
JEUX
JUGE
LIGUE
MÉDAILLE

MOTIVATION
TRANSPIRATION
SPORTS
STRATÉGIE
ÉQUIPE
RESPIRER
TOURNOI

100 - Vacation #2

```
I  Y  P  J  É  R  Î  P  T  J  L  J  X  F
V  S  H  Ô  T  E  L  P  D  J  E  T  V  V
R  N  B  X  R  R  E  X  P  L  M  E  R  A
I  Q  H  B  A  A  A  Q  F  Z  W  B  E  C
T  A  X  I  N  C  N  N  L  R  C  V  C  A
L  R  K  M  G  Z  K  G  S  Z  Y  I  A  N
O  D  A  Y  E  Y  B  U  P  P  D  S  R  C
I  R  É  I  R  P  L  A  G  E  O  A  T  E
S  C  R  X  N  C  R  H  G  P  X  R  E  S
I  Q  O  M  O  N  T  A  G  N  E  S  T  J
R  L  P  C  A  M  P  I  N  G  N  P  E  E
O  V  O  Y  A  G  E  J  O  W  K  H  N  Z
P  I  R  P  A  S  S  E  P  O  R  T  T  H
C  A  T  A  T  B  H  Z  L  T  R  B  E  D
```

AÉROPORT
PLAGE
CAMPING
ÉTRANGER
VACANCES
HÔTEL
ÎLE
VOYAGE
LOISIR

CARTE
MONTAGNES
PASSEPORT
MER
TAXI
TENTE
TRAIN
TRANSPORT
VISA

13 - Camping
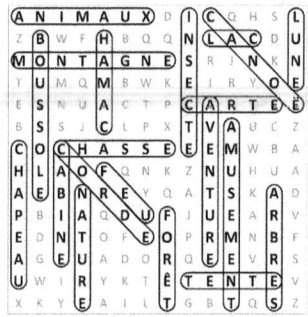

14 - Cats
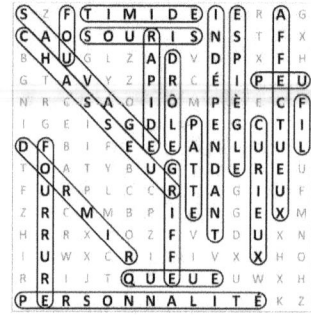

15 - Numbers
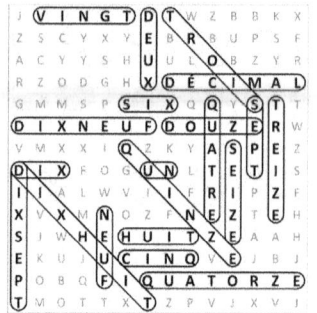

16 - Spices
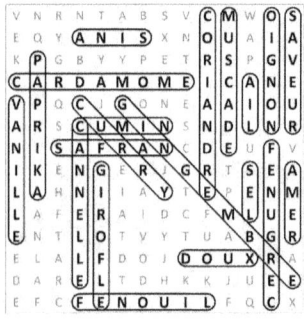

17 - Mammals
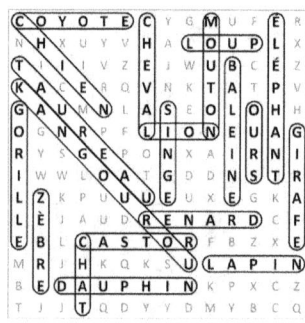

18 - Fishing
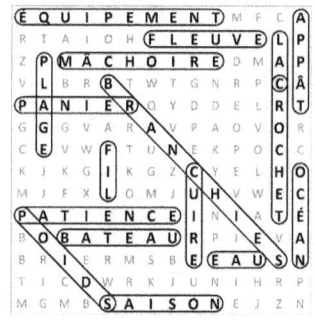

19 - Restaurant #1
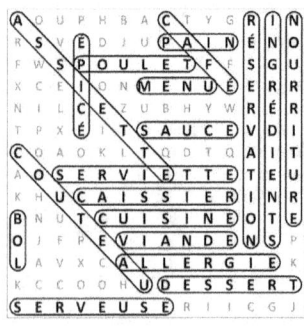

20 - Bees
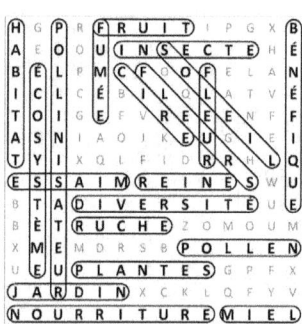

21 - Sports
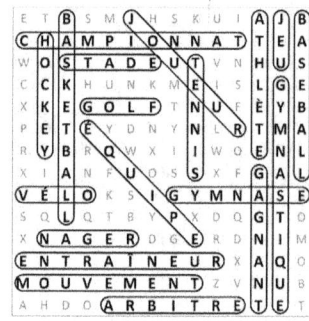

22 - Weather
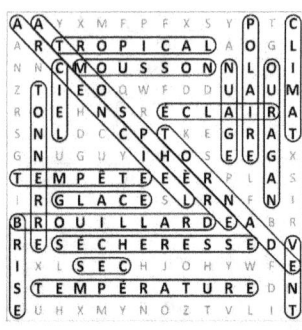

23 - Adventure
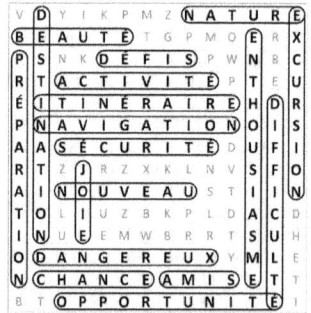

24 - Circus
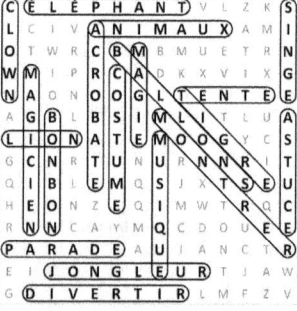

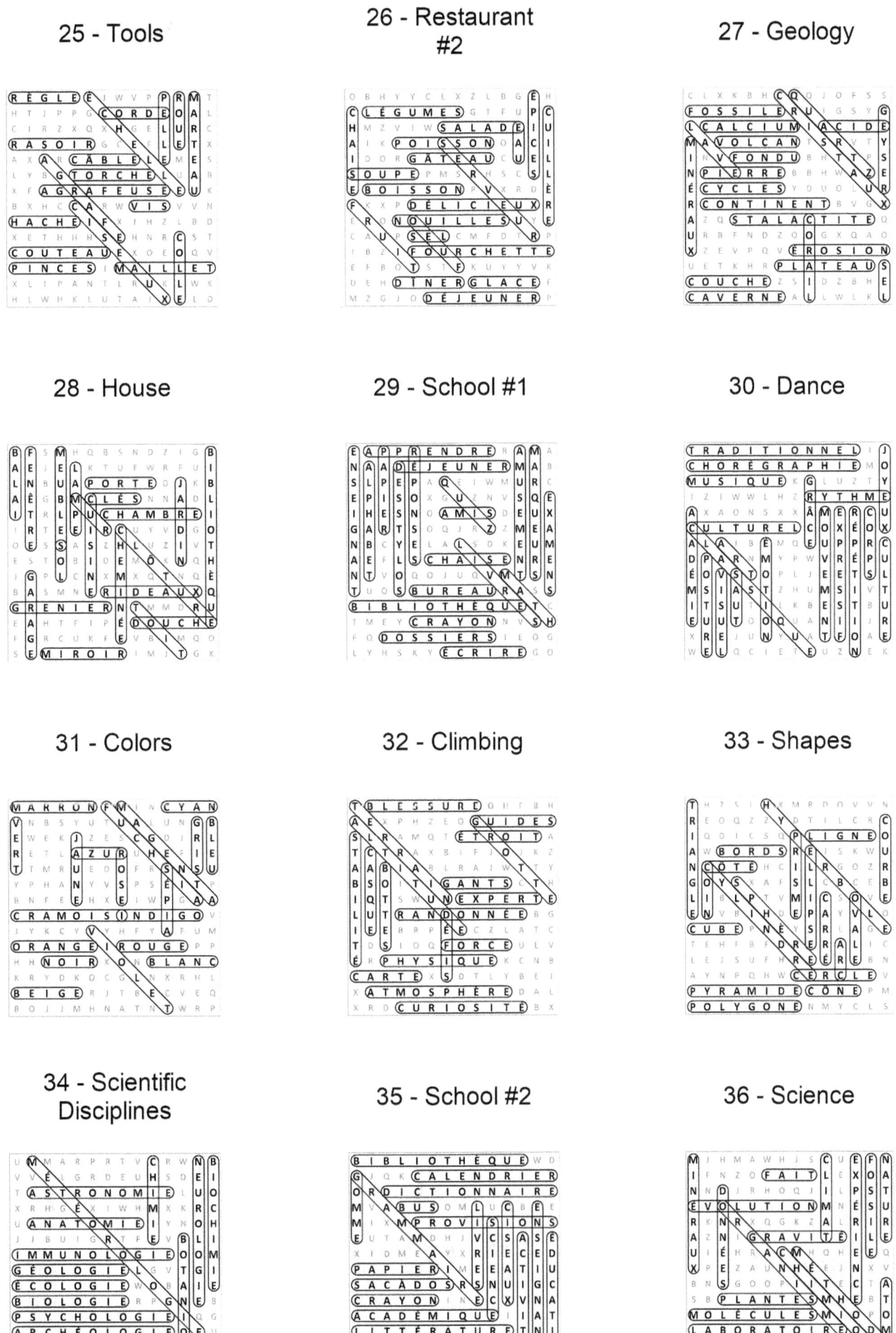

37 - To Fill
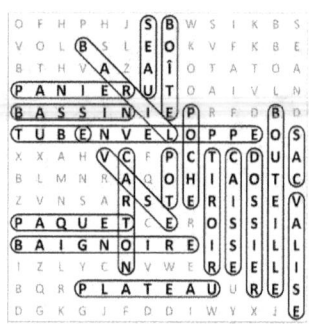

38 - Summer
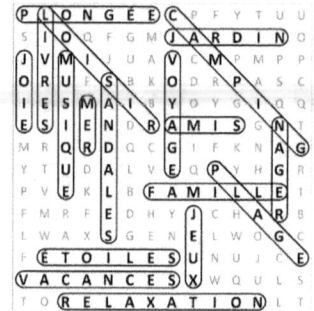

39 - Clothes
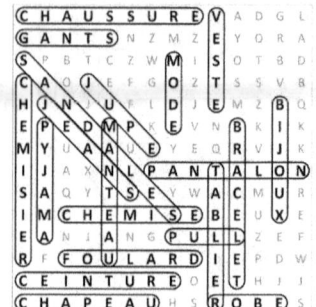

40 - Insects
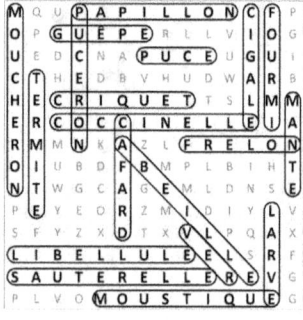

41 - Astronomy
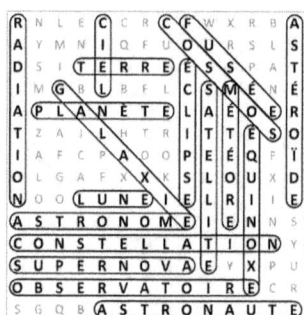

42 - Pirates
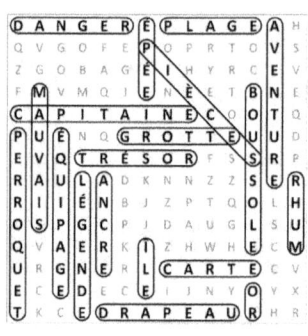

43 - Time
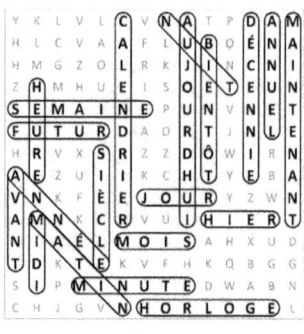

44 - Buildings
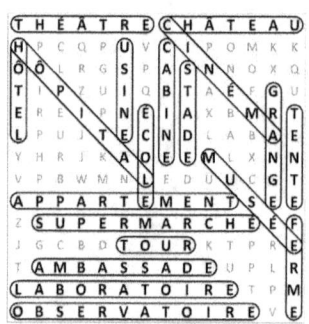

45 - Herbalism
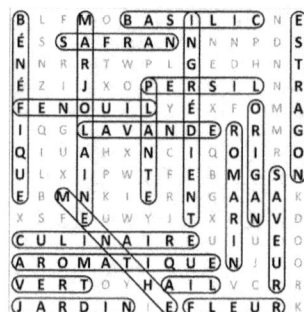

46 - Toys
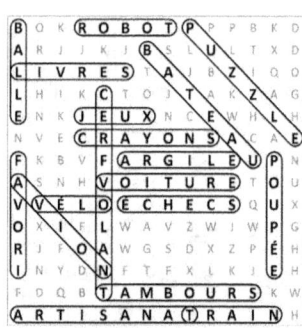

47 - Vehicles
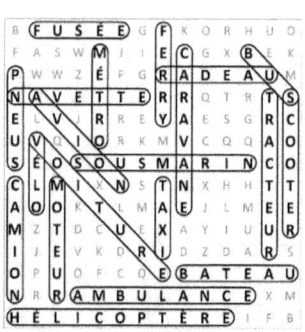

48 - Flowers
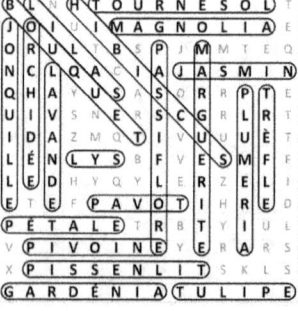

49 - Town

50 - Antarctica

51 - Ballet

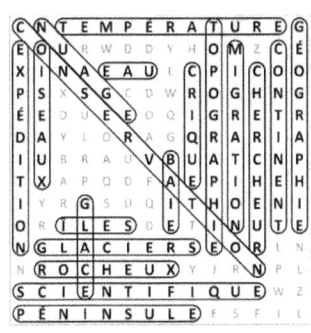

52 - Human Body

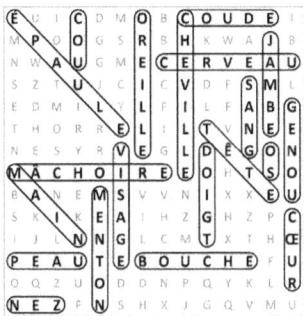

53 - Musical Instruments

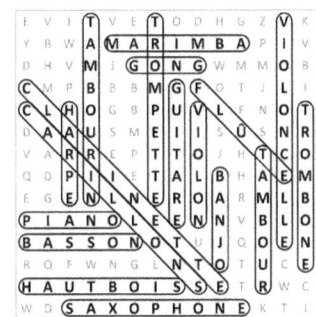

54 - Fruit

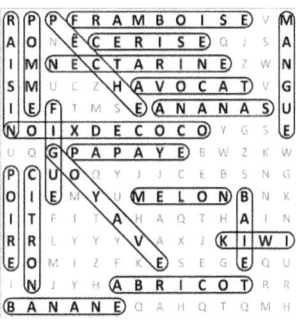

55 - Virtues #1

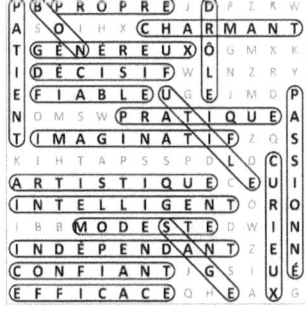

56 - Kitchen

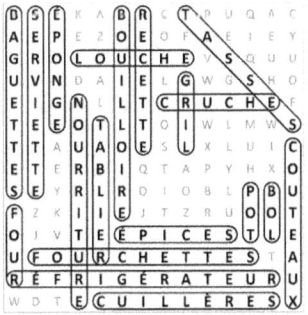

57 - Art Supplies

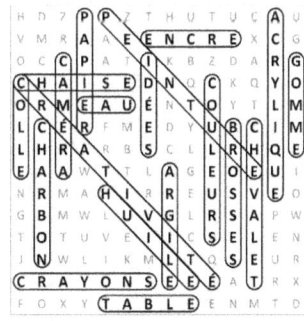

58 - Science Fiction

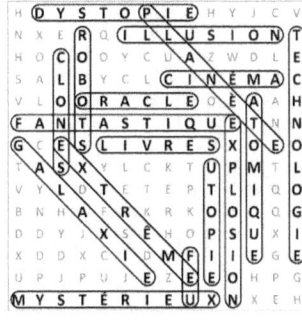

59 - Kindness

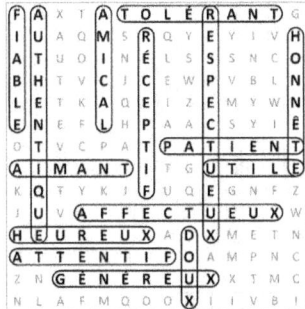

60 - Airplanes

61 - Ocean
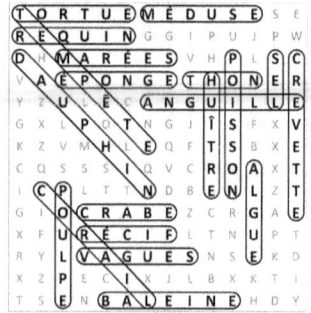

62 - Birds

63 - Art
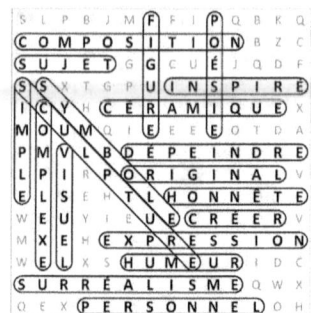

64 - Nutrition
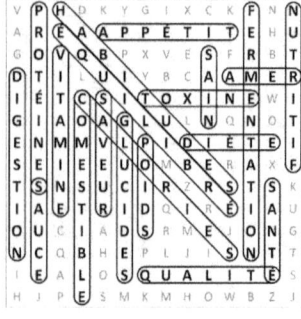

65 - Hiking
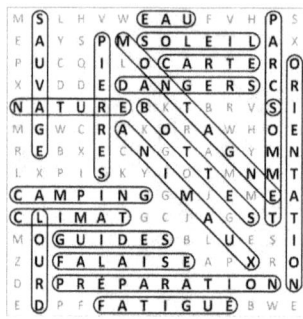

66 - Professions #1
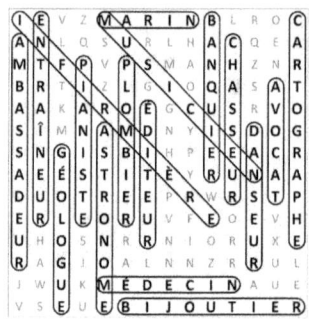

67 - Dinosaurs
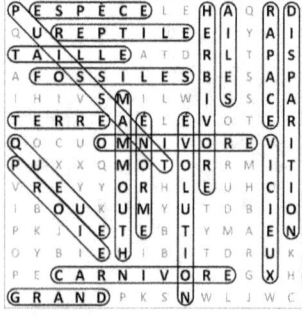

68 - Barbecues
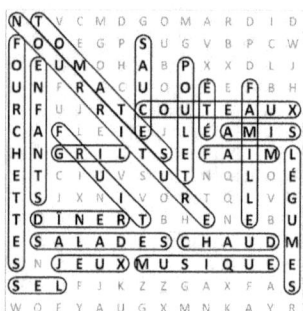

69 - Surfing
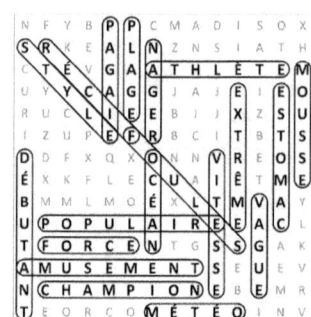

70 - Chocolate

71 - Vegetables

72 - Boats
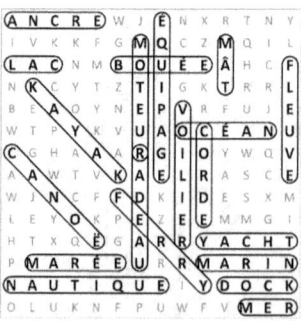

73 - Activities and Leisure
74 - Driving
75 - Professions #2
76 - Emotions
77 - Mythology
78 - Hair Types
79 - Furniture
80 - Garden
81 - Birthday
82 - Beach
83 - Adjectives #1
84 - Rainforest

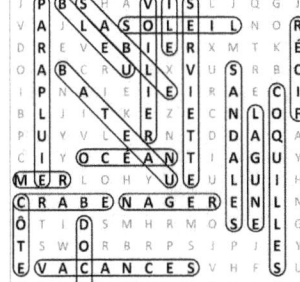
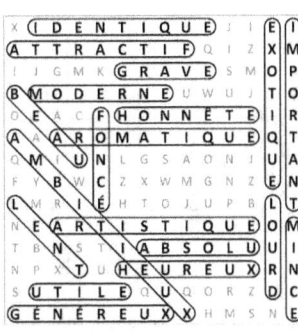
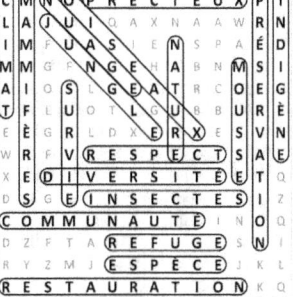

85 - Technology
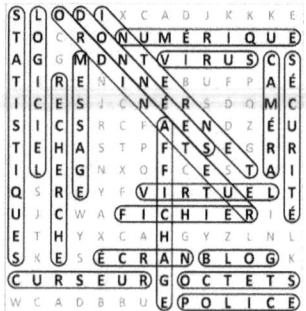

86 - Landscapes

87 - Visual Arts
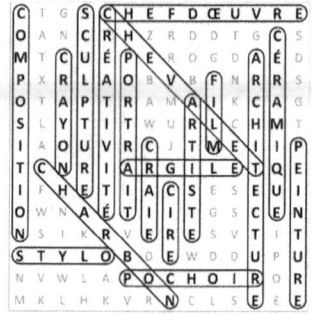

88 - Plants
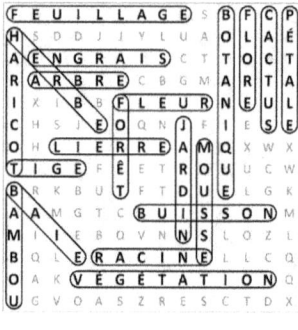

89 - Countries #2
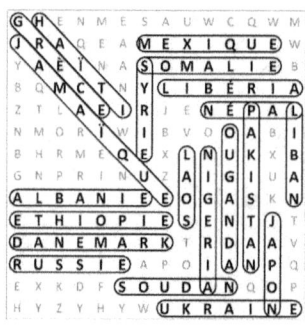

90 - Ecology
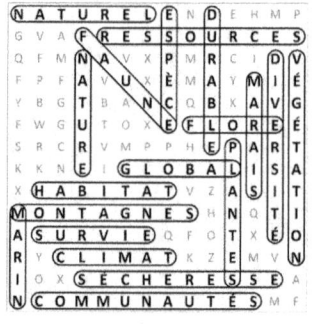

91 - Adjectives #2
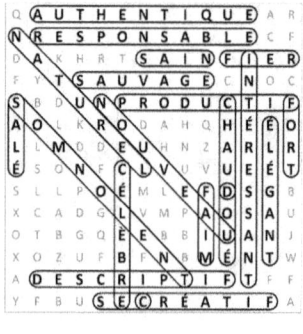

92 - Math
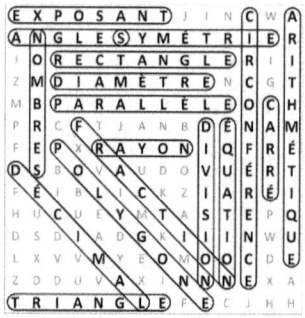

93 - Water
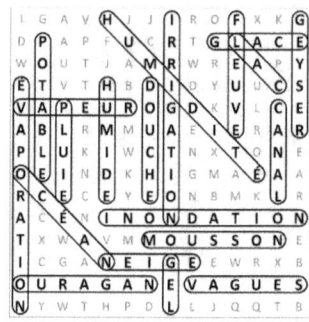

94 - Activities
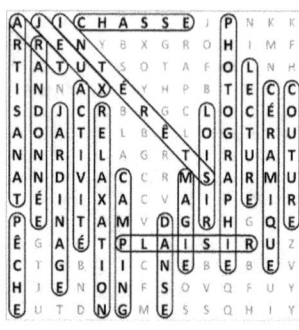

95 - Literature
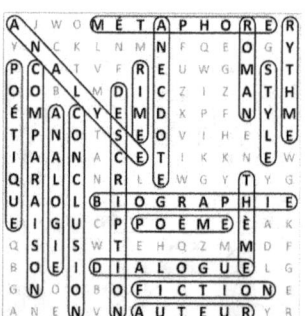

96 - Geography
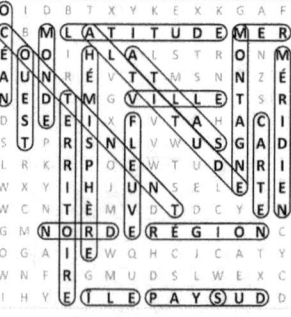

97 - Pets
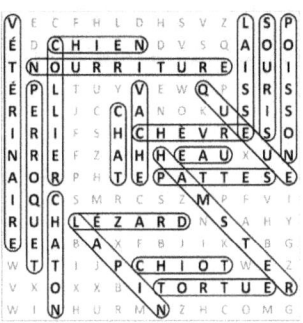

98 - Nature
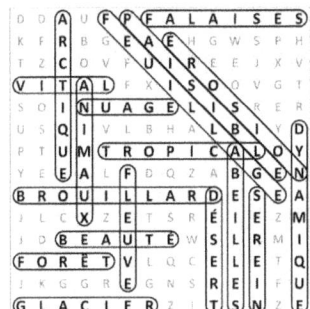

99 - Championship
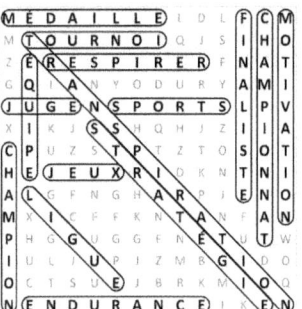

100 - Vacation #2
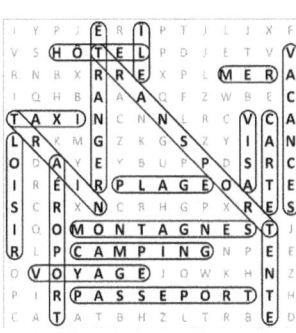

Dictionary

Activities
Activités

Activity	Activité
Art	Art
Camping	Camping
Ceramics	Céramique
Crafts	Artisanat
Dancing	Danse
Fishing	Pêche
Games	Jeux
Gardening	Jardinage
Hiking	Randonnée
Hunting	Chasse
Interests	Intérêts
Leisure	Loisir
Magic	Magie
Photography	Photographie
Pleasure	Plaisir
Reading	Lecture
Relaxation	Relaxation
Sewing	Couture
Skill	Compétence

Activities and Leisure
Activités et Loisirs

Art	Art
Baseball	Base-Ball
Basketball	Basket-Ball
Boxing	Boxe
Camping	Camping
Diving	Plongée
Fishing	Pêche
Gardening	Jardinage
Golf	Golf
Hiking	Randonnée
Hobbies	Passe-Temps
Painting	Peinture
Racing	Course
Relaxing	Relaxant
Soccer	Football
Surfing	Surf
Swimming	Nager
Tennis	Tennis
Travel	Voyage
Volleyball	Volley-Ball

Adjectives #1
Adjectifs #1

Absolute	Absolu
Ambitious	Ambitieux
Aromatic	Aromatique
Artistic	Artistique
Attractive	Attractif
Beautiful	Beau
Dark	Foncé
Exotic	Exotique
Generous	Généreux
Happy	Heureux
Heavy	Lourd
Helpful	Utile
Honest	Honnête
Identical	Identique
Important	Important
Modern	Moderne
Serious	Grave
Slow	Lent
Thin	Mince
Valuable	Précieux

Adjectives #2
Adjectifs #2

Authentic	Authentique
Creative	Créatif
Descriptive	Descriptif
Dry	Sec
Elegant	Élégant
Famous	Célèbre
Gifted	Doué
Healthy	Sain
Hot	Chaud
Hungry	Faim
Interesting	Intéressant
Natural	Naturel
New	Nouveau
Productive	Productif
Proud	Fier
Responsible	Responsable
Salty	Salé
Sleepy	Somnolent
Strong	Fort
Wild	Sauvage

Adventure
Aventure

Activity	Activité
Beauty	Beauté
Bravery	Bravoure
Challenges	Défis
Chance	Chance
Dangerous	Dangereux
Destination	Destination
Difficulty	Difficulté
Enthusiasm	Enthousiasme
Excursion	Excursion
Friends	Amis
Itinerary	Itinéraire
Joy	Joie
Nature	Nature
Navigation	Navigation
New	Nouveau
Opportunity	Opportunité
Preparation	Préparation
Safety	Sécurité
Unusual	Inhabituel

Airplanes
Avions

Adventure	Aventure
Air	Air
Altitude	Altitude
Atmosphere	Atmosphère
Balloon	Ballon
Construction	Construction
Crew	Équipage
Descent	Descente
Design	Design
Engine	Moteur
Fuel	Carburant
Height	Hauteur
History	Histoire
Hydrogen	Hydrogène
Landing	Atterrissage
Passenger	Passager
Pilot	Pilote
Propellers	Hélices
Sky	Ciel
Turbulence	Turbulence

Antarctica
Antarctique

Bay	Baie
Birds	Oiseaux
Clouds	Nuage
Conservation	Conservation
Continent	Continent
Cove	Crique
Environment	Environnement
Expedition	Expédition
Geography	Géographie
Glaciers	Glaciers
Ice	Glace
Islands	Îles
Migration	Migration
Peninsula	Péninsule
Researcher	Chercheur
Rocky	Rocheux
Scientific	Scientifique
Temperature	Température
Topography	Topographie
Water	Eau

Art
Art

Ceramic	Céramique
Complex	Complexe
Composition	Composition
Create	Créer
Expression	Expression
Figure	Figure
Honest	Honnête
Inspired	Inspiré
Mood	Humeur
Original	Original
Paintings	Peintures
Personal	Personnel
Poetry	Poésie
Portray	Dépeindre
Sculpture	Sculpture
Simple	Simple
Subject	Sujet
Surrealism	Surréalisme
Symbol	Symbole
Visual	Visuel

Art Supplies
Fournitures d'Art

Acrylic	Acrylique
Brushes	Brosses
Camera	Caméra
Chair	Chaise
Charcoal	Charbon
Clay	Argile
Colors	Couleurs
Creativity	Créativité
Easel	Chevalet
Eraser	Gomme
Glue	Colle
Ideas	Idées
Ink	Encre
Oil	Huile
Paints	Peinture
Paper	Papier
Pencils	Crayons
Table	Table
Water	Eau
Watercolors	Aquarelles

Astronomy
Astronomie

Asteroid	Astéroïde
Astronaut	Astronaute
Astronomer	Astronome
Constellation	Constellation
Cosmos	Cosmos
Earth	Terre
Eclipse	Éclipse
Equinox	Équinoxe
Galaxy	Galaxie
Meteor	Météore
Moon	Lune
Nebula	Nébuleuse
Observatory	Observatoire
Planet	Planète
Radiation	Radiation
Rocket	Fusée
Satellite	Satellite
Sky	Ciel
Supernova	Supernova
Zodiac	Zodiaque

Ballet
Ballet

Artistic	Artistique
Audience	Public
Ballerina	Ballerine
Choreography	Chorégraphie
Composer	Compositeur
Dancers	Danseurs
Expressive	Expressif
Gesture	Geste
Graceful	Gracieux
Intensity	Intensité
Lessons	Leçons
Muscles	Muscles
Music	Musique
Orchestra	Orchestre
Practice	Pratique
Rehearsal	Répétition
Rhythm	Rythme
Skill	Compétence
Style	Style
Technique	Technique

Barbecues
Barbecues

Chicken	Poulet
Children	Enfants
Dinner	Dîner
Family	Famille
Food	Nourriture
Forks	Fourchettes
Friends	Amis
Fruit	Fruit
Games	Jeux
Grill	Gril
Hot	Chaud
Hunger	Faim
Knives	Couteaux
Music	Musique
Salads	Salades
Salt	Sel
Sauce	Sauce
Summer	Été
Tomatoes	Tomates
Vegetables	Légumes

Beach
Plage

Blue	Bleu
Boat	Bateau
Coast	Côte
Crab	Crabe
Dock	Dock
Island	Île
Lagoon	Lagune
Ocean	Océan
Reef	Récif
Sailboat	Voilier
Sand	Sable
Sandals	Sandales
Sea	Mer
Shells	Coquilles
Sun	Soleil
To Swim	Nager
Towel	Serviette
Umbrella	Parapluie
Vacation	Vacances

Bees
Les Abeilles

Beneficial	Bénéfique
Blossom	Fleur
Diversity	Diversité
Ecosystem	Écosystème
Flowers	Fleurs
Food	Nourriture
Fruit	Fruit
Garden	Jardin
Habitat	Habitat
Hive	Ruche
Honey	Miel
Insect	Insecte
Plants	Plantes
Pollen	Pollen
Pollinator	Pollinisateur
Queen	Reine
Smoke	Fumée
Sun	Soleil
Swarm	Essaim
Wax	Cire

Birds
Oiseaux

Canary	Canari
Chicken	Poulet
Crow	Corbeau
Cuckoo	Coucou
Dove	Colombe
Duck	Canard
Eagle	Aigle
Egg	Oeuf
Flamingo	Flamant
Goose	Oie
Heron	Héron
Ostrich	Autruche
Parrot	Perroquet
Peacock	Paon
Pelican	Pélican
Penguin	Manchot
Sparrow	Moineau
Stork	Cigogne
Swan	Cygne
Toucan	Toucan

Birthday
Anniversaire

Born	Né
Cake	Gâteau
Calendar	Calendrier
Candles	Bougies
Cards	Cartes
Celebration	Fête
Day	Jour
Fun	Amusement
Gift	Cadeau
Great	Super
Happy	Heureux
Invitations	Invitations
Joyful	Joyeux
Song	Chanson
Special	Spécial
Time	Temps
To Learn	Apprendre
Wisdom	Sagesse
Year	Année
Young	Jeune

Boats
Bateaux

Anchor	Ancre
Buoy	Bouée
Canoe	Canoë
Crew	Équipage
Dock	Dock
Engine	Moteur
Ferry	Ferry
Kayak	Kayak
Lake	Lac
Mast	Mât
Nautical	Nautique
Ocean	Océan
Raft	Radeau
River	Fleuve
Rope	Corde
Sailboat	Voilier
Sailor	Marin
Sea	Mer
Tide	Marée
Yacht	Yacht

Books
Livres

Adventure	Aventure
Author	Auteur
Collection	Collection
Context	Contexte
Duality	Dualité
Epic	Épique
Historical	Historique
Humorous	Humoristique
Inventive	Inventif
Literary	Littéraire
Narrator	Narrateur
Novel	Roman
Page	Page
Poem	Poème
Poetry	Poésie
Reader	Lecteur
Relevant	Pertinent
Story	Histoire
Tragic	Tragique
Written	Écrit

Buildings
Bâtiments

Apartment	Appartement
Barn	Grange
Cabin	Cabine
Castle	Château
Cinema	Cinéma
Embassy	Ambassade
Factory	Usine
Farm	Ferme
Hospital	Hôpital
Hotel	Hôtel
Laboratory	Laboratoire
Museum	Musée
Observatory	Observatoire
School	École
Stadium	Stade
Supermarket	Supermarché
Tent	Tente
Theater	Théâtre
Tower	Tour
University	Université

Camping
Camping

Adventure	Aventure
Animals	Animaux
Cabin	Cabine
Canoe	Canoë
Compass	Boussole
Fire	Feu
Forest	Forêt
Fun	Amusement
Hammock	Hamac
Hat	Chapeau
Hunting	Chasse
Insect	Insecte
Lake	Lac
Map	Carte
Moon	Lune
Mountain	Montagne
Nature	Nature
Rope	Corde
Tent	Tente
Trees	Arbres

Castles
Châteaux

Armor	Armure
Catapult	Catapulte
Crown	Couronne
Dragon	Dragon
Dungeon	Donjon
Dynasty	Dynastie
Empire	Empire
Feudal	Féodal
Horse	Cheval
Kingdom	Royaume
Knight	Chevalier
Noble	Noble
Palace	Palais
Prince	Prince
Princess	Princesse
Shield	Bouclier
Sword	Épée
Tower	Tour
Unicorn	Licorne
Wall	Mur

Cats
Chats

Affectionate	Affectueux
Claw	Griffe
Crazy	Fou
Curious	Curieux
Fast	Rapide
Funny	Drôle
Fur	Fourrure
Hunter	Chasseur
Independent	Indépendant
Little	Peu
Mouse	Souris
Paw	Patte
Personality	Personnalité
Playful	Espiègle
Shy	Timide
Sleep	Dormir
Tail	Queue
Wild	Sauvage
Yarn	Fil

Championship
Championnat

Champion	Champion
Championship	Championnat
Coach	Entraîneur
Endurance	Endurance
Finalist	Finaliste
Games	Jeux
Judge	Juge
League	Ligue
Medal	Médaille
Motivation	Motivation
Performance	Performance
Perspiration	Transpiration
Sports	Sports
Strategy	Stratégie
Team	Équipe
To Breathe	Respirer
Tournament	Tournoi
Victory	Victoire

Chess
Échecs

Black	Noir
Challenges	Défis
Champion	Champion
Clever	Intelligent
Contest	Concours
Diagonal	Diagonal
Game	Jeu
King	Roi
Opponent	Adversaire
Passive	Passif
Player	Joueur
Points	Points
Queen	Reine
Rules	Règles
Sacrifice	Sacrifice
Strategy	Stratégie
Time	Temps
To Learn	Apprendre
Tournament	Tournoi
White	Blanc

Chocolate
Chocolat

Antioxidant	Antioxydant
Aroma	Arôme
Artisanal	Artisanal
Bitter	Amer
Cacao	Cacao
Calories	Calories
Candy	Bonbon
Caramel	Caramel
Coconut	Noix de Coco
Delicious	Délicieux
Exotic	Exotique
Favorite	Favori
Flavor	Saveur
Ingredient	Ingrédient
Peanuts	Cacahuètes
Quality	Qualité
Recipe	Recette
Sugar	Sucre
Sweet	Doux
Taste	Goût

Circus
Cirque

Acrobat	Acrobate
Animals	Animaux
Balloons	Ballons
Candy	Bonbon
Clown	Clown
Costume	Costume
Elephant	Éléphant
Entertain	Divertir
Juggler	Jongleur
Lion	Lion
Magic	Magie
Magician	Magicien
Monkey	Singe
Music	Musique
Parade	Parade
Show	Montrer
Spectator	Spectateur
Tent	Tente
Tiger	Tigre
Trick	Astuce

Climbing
Escalade

Altitude	Altitude
Atmosphere	Atmosphère
Boots	Bottes
Cave	Grotte
Challenges	Défis
Curiosity	Curiosité
Expert	Expert
Gloves	Gants
Guides	Guides
Helmet	Casque
Hiking	Randonnée
Injury	Blessure
Map	Carte
Narrow	Étroit
Physical	Physique
Stability	Stabilité
Strength	Force
Terrain	Terrain
Training	Formation

Clothes
Vêtements

Apron	Tablier
Belt	Ceinture
Blouse	Chemisier
Bracelet	Bracelet
Coat	Manteau
Dress	Robe
Fashion	Mode
Gloves	Gants
Hat	Chapeau
Jacket	Veste
Jeans	Jeans
Jewelry	Bijoux
Pajamas	Pyjama
Pants	Pantalon
Sandals	Sandales
Scarf	Foulard
Shirt	Chemise
Shoe	Chaussure
Skirt	Jupe
Sweater	Pull

Colors
Couleurs

Azure	Azur
Beige	Beige
Black	Noir
Blue	Bleu
Brown	Marron
Crimson	Cramoisi
Cyan	Cyan
Fuchsia	Fuchsia
Green	Vert
Grey	Gris
Indigo	Indigo
Magenta	Magenta
Orange	Orange
Pink	Rose
Purple	Violet
Red	Rouge
Sepia	Sépia
White	Blanc
Yellow	Jaune

Countries #2
Pays #2

Albania	Albanie
Denmark	Danemark
Ethiopia	Ethiopie
Greece	Grèce
Haiti	Haïti
Jamaica	Jamaïque
Japan	Japon
Laos	Laos
Lebanon	Liban
Liberia	Libéria
Mexico	Mexique
Nepal	Népal
Nigeria	Nigeria
Pakistan	Pakistan
Russia	Russie
Somalia	Somalie
Sudan	Soudan
Syria	Syrie
Uganda	Ouganda
Ukraine	Ukraine

Dance
Danse

Academy	Académie
Art	Art
Body	Corps
Choreography	Chorégraphie
Classical	Classique
Cultural	Culturel
Culture	Culture
Emotion	Émotion
Expressive	Expressif
Grace	Grâce
Joyful	Joyeux
Jump	Saut
Movement	Mouvement
Music	Musique
Partner	Partenaire
Posture	Posture
Rehearsal	Répétition
Rhythm	Rythme
Traditional	Traditionnel
Visual	Visuel

Days and Months
Jours et Mois

April	Avril
August	Août
Calendar	Calendrier
February	Février
Friday	Vendredi
January	Janvier
July	Juillet
March	Mars
Monday	Lundi
Month	Mois
November	Novembre
October	Octobre
Saturday	Samedi
September	Septembre
Sunday	Dimanche
Thursday	Jeudi
Tuesday	Mardi
Wednesday	Mercredi
Week	Semaine
Year	Année

Dinosaurs
Dinosaures

Carnivore	Carnivore
Disappearance	Disparition
Earth	Terre
Enormous	Énorme
Evolution	Évolution
Fossils	Fossiles
Herbivore	Herbivore
Large	Grand
Mammoth	Mammouth
Omnivore	Omnivore
Powerful	Puissant
Prehistoric	Préhistorique
Prey	Proie
Raptor	Rapace
Reptile	Reptile
Size	Taille
Species	Espèce
Tail	Queue
Vicious	Vicieux
Wings	Ailes

Driving
Conduite

Accident	Accident
Brakes	Freins
Car	Voiture
Danger	Danger
Driver	Conducteur
Fuel	Carburant
Garage	Garage
Gas	Gaz
License	Licence
Map	Carte
Motor	Moteur
Motorcycle	Moto
Pedestrian	Piéton
Police	Police
Road	Route
Safety	Sécurité
Speed	Vitesse
Traffic	Trafic
Truck	Camion
Tunnel	Tunnel

Ecology
Écologie

Climate	Climat
Communities	Communautés
Diversity	Diversité
Drought	Sécheresse
Fauna	Faune
Flora	Flore
Global	Global
Habitat	Habitat
Marine	Marin
Marsh	Marais
Mountains	Montagnes
Natural	Naturel
Nature	Nature
Plants	Plantes
Resources	Ressources
Species	Espèce
Survival	Survie
Sustainable	Durable
Vegetation	Végétation
Volunteers	Bénévoles

Emotions
Émotions

Anger	Colère
Boredom	Ennui
Calm	Calme
Content	Contenu
Embarrassed	Embarrassé
Excited	Excité
Fear	Peur
Grateful	Reconnaissant
Joy	Joie
Kindness	Gentillesse
Love	Amour
Peace	Paix
Relaxed	Détendu
Relief	Relief
Sadness	Tristesse
Satisfied	Satisfait
Surprise	Surprise
Sympathy	Sympathie
Tenderness	Tendresse
Tranquility	Tranquillité

Exploration
Exploration

Activity	Activité
Animals	Animaux
Courage	Courage
Cultures	Cultures
Determination	Détermination
Discovery	Découverte
Distant	Lointain
Excitement	Excitation
Exhaustion	Épuisement
Hazards	Dangers
Language	Langue
New	Nouveau
Perilous	Périlleux
Quest	Quête
Space	Espace
Terrain	Terrain
To Learn	Apprendre
Travel	Voyage
Unknown	Inconnu
Wild	Sauvage

Family
Famille

Ancestor	Ancêtre
Aunt	Tante
Brother	Frère
Child	Enfant
Childhood	Enfance
Children	Enfants
Cousin	Cousin
Daughter	Fille
Grandchild	Petit-Enfant
Grandfather	Grand-Père
Grandson	Petit-Fils
Husband	Mari
Maternal	Maternel
Mother	Mère
Nephew	Neveu
Niece	Nièce
Paternal	Paternel
Sister	Soeur
Uncle	Oncle
Wife	Femme

Farm #1
Ferme #1

Agriculture	Agriculture
Bee	Abeille
Bison	Bison
Calf	Veau
Cat	Chat
Chicken	Poulet
Cow	Vache
Crow	Corbeau
Dog	Chien
Donkey	Âne
Fence	Clôture
Fertilizer	Engrais
Field	Champ
Goat	Chèvre
Hay	Foin
Honey	Miel
Horse	Cheval
Rice	Riz
Seeds	Graines
Water	Eau

Farm #2
Ferme #2

Animals	Animaux
Barley	Orge
Barn	Grange
Corn	Maïs
Duck	Canard
Farmer	Agriculteur
Food	Nourriture
Fruit	Fruit
Irrigation	Irrigation
Lamb	Agneau
Llama	Lama
Meadow	Pré
Milk	Lait
Orchard	Verger
Sheep	Mouton
Shepherd	Berger
Tractor	Tracteur
Vegetable	Légume
Wheat	Blé
Windmill	Moulin à Vent

Fishing
Pêche

Bait	Appât
Basket	Panier
Beach	Plage
Boat	Bateau
Cook	Cuire
Equipment	Équipement
Exaggeration	Exagération
Gills	Branchies
Hook	Crochet
Jaw	Mâchoire
Lake	Lac
Ocean	Océan
Patience	Patience
River	Fleuve
Season	Saison
Water	Eau
Weight	Poids
Wire	Fil

Flowers
Fleurs

Bouquet	Bouquet
Clover	Trèfle
Daffodil	Jonquille
Daisy	Marguerite
Dandelion	Pissenlit
Gardenia	Gardénia
Hibiscus	Hibiscus
Jasmine	Jasmin
Lavender	Lavande
Lilac	Lilas
Lily	Lys
Magnolia	Magnolia
Orchid	Orchidée
Passionflower	Passiflore
Peony	Pivoine
Petal	Pétale
Plumeria	Plumeria
Poppy	Pavot
Sunflower	Tournesol
Tulip	Tulipe

Food #1
Nourriture #1

Apricot	Abricot
Barley	Orge
Basil	Basilic
Carrot	Carotte
Cinnamon	Cannelle
Garlic	Ail
Juice	Jus
Lemon	Citron
Milk	Lait
Onion	Oignon
Peanut	Arachide
Pear	Poire
Salad	Salade
Salt	Sel
Soup	Soupe
Spinach	Épinard
Strawberry	Fraise
Sugar	Sucre
Tuna	Thon
Turnip	Navet

Food #2
Nourriture #2

Apple	Pomme
Artichoke	Artichaut
Banana	Banane
Broccoli	Brocoli
Celery	Céleri
Cheese	Fromage
Cherry	Cerise
Chicken	Poulet
Chocolate	Chocolat
Egg	Oeuf
Eggplant	Aubergine
Fish	Poisson
Grape	Raisin
Ham	Jambon
Kiwi	Kiwi
Mushroom	Champignon
Rice	Riz
Tomato	Tomate
Wheat	Blé
Yogurt	Yaourt

Fruit
Fruit

Apple	Pomme
Apricot	Abricot
Avocado	Avocat
Banana	Banane
Berry	Baie
Cherry	Cerise
Coconut	Noix de Coco
Fig	Figue
Grape	Raisin
Guava	Goyave
Kiwi	Kiwi
Lemon	Citron
Mango	Mangue
Melon	Melon
Nectarine	Nectarine
Papaya	Papaye
Peach	Pêche
Pear	Poire
Pineapple	Ananas
Raspberry	Framboise

Furniture
Meubles

Armchair	Fauteuil
Armoire	Armoire
Bed	Lit
Bench	Banc
Bookcase	Bibliothèque
Chair	Chaise
Couch	Canapé
Curtains	Rideaux
Cushions	Coussins
Desk	Bureau
Dresser	Commode
Futon	Futon
Hammock	Hamac
Lamp	Lampe
Mattress	Matelas
Mirror	Miroir
Pillow	Oreiller
Rug	Tapis
Shelves	Étagères

Garden
Jardin

Bench	Banc
Bush	Buisson
Fence	Clôture
Flower	Fleur
Garage	Garage
Garden	Jardin
Grass	Herbe
Hammock	Hamac
Hose	Tuyau
Lawn	Pelouse
Orchard	Verger
Pond	Étang
Porch	Porche
Rake	Râteau
Rocks	Roches
Shovel	Pelle
Terrace	Terrasse
Trampoline	Trampoline
Tree	Arbre
Vine	Vigne

Geography
Géographie

Altitude	Altitude
Atlas	Atlas
City	Ville
Continent	Continent
Country	Pays
Hemisphere	Hémisphère
Island	Île
Latitude	Latitude
Map	Carte
Meridian	Méridien
Mountain	Montagne
North	Nord
Ocean	Océan
Region	Région
River	Fleuve
Sea	Mer
South	Sud
Territory	Territoire
West	Ouest
World	Monde

Geology
Géologie

Acid	Acide
Calcium	Calcium
Cavern	Caverne
Continent	Continent
Coral	Corail
Crystals	Cristaux
Cycles	Cycles
Erosion	Érosion
Fossil	Fossile
Geyser	Geyser
Lava	Lave
Layer	Couche
Minerals	Minéraux
Molten	Fondu
Plateau	Plateau
Quartz	Quartz
Salt	Sel
Stalactite	Stalactite
Stone	Pierre
Volcano	Volcan

Hair Types
Types de Cheveux

Bald	Chauve
Black	Noir
Blond	Blond
Braided	Tressé
Braids	Tresses
Brown	Marron
Colored	Coloré
Curls	Boucles
Curly	Frisé
Dry	Sec
Gray	Gris
Healthy	Sain
Long	Long
Shiny	Brillant
Short	Court
Soft	Doux
Thick	Épais
Thin	Mince
Wavy	Ondulé
White	Blanc

Herbalism
Herboristerie

Aromatic	Aromatique
Basil	Basilic
Beneficial	Bénéfique
Culinary	Culinaire
Fennel	Fenouil
Flavor	Saveur
Flower	Fleur
Garden	Jardin
Garlic	Ail
Green	Vert
Ingredient	Ingrédient
Lavender	Lavande
Marjoram	Marjolaine
Mint	Menthe
Oregano	Origan
Parsley	Persil
Plant	Plante
Rosemary	Romarin
Saffron	Safran
Tarragon	Estragon

Hiking
Randonnée

Animals	Animaux
Boots	Bottes
Camping	Camping
Cliff	Falaise
Climate	Climat
Guides	Guides
Hazards	Dangers
Heavy	Lourd
Map	Carte
Mountain	Montagne
Nature	Nature
Orientation	Orientation
Parks	Parcs
Preparation	Préparation
Stones	Pierres
Summit	Sommet
Sun	Soleil
Tired	Fatigué
Water	Eau
Wild	Sauvage

House
Maison

Attic	Grenier
Broom	Balai
Curtains	Rideaux
Door	Porte
Fence	Clôture
Fireplace	Cheminée
Floor	Sol
Furniture	Meubles
Garage	Garage
Garden	Jardin
Keys	Clés
Kitchen	Cuisine
Lamp	Lampe
Library	Bibliothèque
Mirror	Miroir
Roof	Toit
Room	Chambre
Shower	Douche
Wall	Mur
Window	Fenêtre

Human Body
Corps Humain

Ankle	Cheville
Blood	Sang
Bones	Os
Brain	Cerveau
Chin	Menton
Ear	Oreille
Elbow	Coude
Face	Visage
Finger	Doigt
Hand	Main
Head	Tête
Heart	Cœur
Jaw	Mâchoire
Knee	Genou
Leg	Jambe
Mouth	Bouche
Neck	Cou
Nose	Nez
Shoulder	Épaule
Skin	Peau

Insects
Insectes

Ant	Fourmi
Aphid	Puceron
Bee	Abeille
Beetle	Scarabée
Butterfly	Papillon
Cicada	Cigale
Cockroach	Cafard
Dragonfly	Libellule
Flea	Puce
Gnat	Moucheron
Grasshopper	Sauterelle
Hornet	Frelon
Ladybug	Coccinelle
Larva	Larve
Locust	Criquet
Mantis	Mante
Mosquito	Moustique
Termite	Termite
Wasp	Guêpe
Worm	Ver

Kindness
Gentillesse

Affectionate	Affectueux
Attentive	Attentif
Compassionate	Compatissant
Friendly	Amical
Generous	Généreux
Gentle	Doux
Genuine	Authentique
Happy	Heureux
Helpful	Utile
Honest	Honnête
Hospitable	Hospitalier
Loving	Aimant
Patient	Patient
Receptive	Réceptif
Reliable	Fiable
Respectful	Respectueux
Tolerant	Tolérant
Understanding	Compréhension

Kitchen
Cuisine

Apron	Tablier
Bowl	Bol
Chopsticks	Baguettes
Cups	Tasses
Food	Nourriture
Forks	Fourchettes
Freezer	Congélateur
Grill	Gril
Jar	Pot
Jug	Cruche
Kettle	Bouilloire
Knives	Couteaux
Ladle	Louche
Napkin	Serviette
Oven	Four
Recipe	Recette
Refrigerator	Réfrigérateur
Spices	Épices
Sponge	Éponge
Spoons	Cuillères

Landscapes
Paysages

Beach	Plage
Cave	Grotte
Desert	Désert
Geyser	Geyser
Glacier	Glacier
Hill	Colline
Iceberg	Iceberg
Island	Île
Lake	Lac
Mountain	Montagne
Oasis	Oasis
Ocean	Océan
Peninsula	Péninsule
River	Fleuve
Sea	Mer
Swamp	Marais
Tundra	Toundra
Valley	Vallée
Volcano	Volcan
Waterfall	Cascade

Literature
Littérature

Analogy	Analogie
Analysis	Analyse
Anecdote	Anecdote
Author	Auteur
Biography	Biographie
Comparison	Comparaison
Conclusion	Conclusion
Description	Description
Dialogue	Dialogue
Fiction	Fiction
Metaphor	Métaphore
Narrator	Narrateur
Novel	Roman
Poem	Poème
Poetic	Poétique
Rhyme	Rime
Rhythm	Rythme
Style	Style
Theme	Thème
Tragedy	Tragédie

Mammals
Mammifères

Bear	Ours
Beaver	Castor
Bull	Taureau
Cat	Chat
Coyote	Coyote
Dog	Chien
Dolphin	Dauphin
Elephant	Éléphant
Fox	Renard
Giraffe	Girafe
Gorilla	Gorille
Horse	Cheval
Kangaroo	Kangourou
Lion	Lion
Monkey	Singe
Rabbit	Lapin
Sheep	Mouton
Whale	Baleine
Wolf	Loup
Zebra	Zèbre

Math
Mathématiques

Angles	Angles
Arithmetic	Arithmétique
Circumference	Circonférence
Decimal	Décimal
Diameter	Diamètre
Division	Division
Equation	Équation
Exponent	Exposant
Fraction	Fraction
Geometry	Géométrie
Numbers	Nombres
Parallel	Parallèle
Perimeter	Périmètre
Polygon	Polygone
Radius	Rayon
Rectangle	Rectangle
Square	Carré
Symmetry	Symétrie
Triangle	Triangle
Volume	Volume

Measurements
Mesures

Byte	Octet
Centimeter	Centimètre
Decimal	Décimal
Degree	Degré
Depth	Profondeur
Gram	Gramme
Height	Hauteur
Inch	Pouce
Kilogram	Kilogramme
Kilometer	Kilomètre
Length	Longueur
Liter	Litre
Mass	Masse
Meter	Mètre
Minute	Minute
Ounce	Once
Ton	Tonne
Volume	Volume
Weight	Poids
Width	Largeur

Meditation
Méditation

Acceptance	Acceptation
Awake	Éveillé
Breathing	Respiration
Calm	Calme
Clarity	Clarté
Compassion	Compassion
Emotions	Émotions
Gratitude	Gratitude
Habits	Habitudes
Kindness	Gentillesse
Mental	Mental
Mind	Esprit
Movement	Mouvement
Music	Musique
Nature	Nature
Peace	Paix
Perspective	Perspective
Silence	Silence
Thoughts	Pensées
To Learn	Apprendre

Musical Instruments
Instruments de Musique

Banjo	Banjo
Bassoon	Basson
Cello	Violoncelle
Chimes	Carillons
Clarinet	Clarinette
Drum	Tambour
Flute	Flûte
Gong	Gong
Guitar	Guitare
Harp	Harpe
Mandolin	Mandoline
Marimba	Marimba
Oboe	Hautbois
Percussion	Percussion
Piano	Piano
Saxophone	Saxophone
Tambourine	Tambourin
Trombone	Trombone
Trumpet	Trompette
Violin	Violon

Mythology
Mythologie

Archetype	Archétype
Behavior	Comportement
Beliefs	Croyances
Creation	Création
Creature	Créature
Culture	Culture
Deities	Divinités
Disaster	Catastrophe
Heaven	Ciel
Hero	Héros
Immortality	Immortalité
Jealousy	Jalousie
Labyrinth	Labyrinthe
Legend	Légende
Lightning	Éclair
Monster	Monstre
Mortal	Mortel
Revenge	Vengeance
Thunder	Tonnerre
Warrior	Guerrier

Nature
Nature

Animals	Animaux
Arctic	Arctique
Beauty	Beauté
Bees	Abeilles
Cliffs	Falaises
Clouds	Nuage
Desert	Désert
Dynamic	Dynamique
Erosion	Érosion
Fog	Brouillard
Foliage	Feuillage
Forest	Forêt
Glacier	Glacier
Peaceful	Paisible
River	Fleuve
Sanctuary	Sanctuaire
Serene	Serein
Tropical	Tropical
Vital	Vital
Wild	Sauvage

Numbers
Nombres

Decimal	Décimal
Eight	Huit
Eighteen	Dix-Huit
Fifteen	Quinze
Five	Cinq
Four	Quatre
Fourteen	Quatorze
Nine	Neuf
Nineteen	Dix-Neuf
One	Un
Seven	Sept
Seventeen	Dix-Sept
Six	Six
Sixteen	Seize
Ten	Dix
Thirteen	Treize
Three	Trois
Twelve	Douze
Twenty	Vingt
Two	Deux

Nutrition
Nutrition

Appetite	Appétit
Balanced	Équilibré
Bitter	Amer
Calories	Calories
Carbohydrates	Glucides
Diet	Diète
Digestion	Digestion
Edible	Comestible
Fermentation	Fermentation
Flavor	Saveur
Habits	Habitudes
Health	Santé
Healthy	Sain
Nutrient	Nutritif
Proteins	Protéines
Quality	Qualité
Sauce	Sauce
Toxin	Toxine
Vitamin	Vitamine
Weight	Poids

Ocean
Océan

Coral	Corail
Crab	Crabe
Dolphin	Dauphin
Eel	Anguille
Fish	Poisson
Jellyfish	Méduse
Octopus	Poulpe
Oyster	Huître
Reef	Récif
Salt	Sel
Seaweed	Algue
Shark	Requin
Shrimp	Crevette
Sponge	Éponge
Storm	Tempête
Tides	Marées
Tuna	Thon
Turtle	Tortue
Waves	Vagues
Whale	Baleine

Pets
Animaux de Compagnie

Cat	Chat
Collar	Collier
Cow	Vache
Dog	Chien
Fish	Poisson
Food	Nourriture
Goat	Chèvre
Hamster	Hamster
Kitten	Chaton
Leash	Laisse
Lizard	Lézard
Mouse	Souris
Parrot	Perroquet
Paws	Pattes
Puppy	Chiot
Rabbit	Lapin
Tail	Queue
Turtle	Tortue
Veterinarian	Vétérinaire
Water	Eau

Pirates
Pirates

Adventure	Aventure
Anchor	Ancre
Bad	Mauvais
Beach	Plage
Captain	Capitaine
Cave	Grotte
Coins	Pièces
Compass	Boussole
Crew	Équipage
Danger	Danger
Flag	Drapeau
Gold	Or
Island	Île
Legend	Légende
Map	Carte
Parrot	Perroquet
Rum	Rhum
Scar	Cicatrice
Sword	Épée
Treasure	Trésor

Plants
Plantes

Bamboo	Bambou
Bean	Haricot
Berry	Baie
Botany	Botanique
Bush	Buisson
Cactus	Cactus
Fertilizer	Engrais
Flora	Flore
Flower	Fleur
Foliage	Feuillage
Forest	Forêt
Garden	Jardin
Grass	Herbe
Ivy	Lierre
Moss	Mousse
Petal	Pétale
Root	Racine
Stem	Tige
Tree	Arbre
Vegetation	Végétation

Professions #1
Professions #1

Ambassador	Ambassadeur
Astronomer	Astronome
Attorney	Avocat
Banker	Banquier
Cartographer	Cartographe
Coach	Entraîneur
Dancer	Danseur
Doctor	Médecin
Editor	Éditeur
Geologist	Géologue
Hunter	Chasseur
Jeweler	Bijoutier
Musician	Musicien
Nurse	Infirmière
Pianist	Pianiste
Plumber	Plombier
Psychologist	Psychologue
Sailor	Marin
Tailor	Tailleur
Veterinarian	Vétérinaire

Professions #2
Professions #2

Astronaut	Astronaute
Biologist	Biologiste
Dentist	Dentiste
Detective	Détective
Engineer	Ingénieur
Farmer	Agriculteur
Gardener	Jardinier
Illustrator	Illustrateur
Inventor	Inventeur
Journalist	Journaliste
Linguist	Linguiste
Painter	Peintre
Philosopher	Philosophe
Photographer	Photographe
Physician	Médecin
Pilot	Pilote
Researcher	Chercheur
Surgeon	Chirurgien
Teacher	Enseignant
Zoologist	Zoologiste

Rainforest
Forêt Tropicale

Amphibians	Amphibiens
Birds	Oiseaux
Botanical	Botanique
Climate	Climat
Clouds	Nuage
Community	Communauté
Diversity	Diversité
Indigenous	Indigène
Insects	Insectes
Jungle	Jungle
Mammals	Mammifères
Moss	Mousse
Nature	Nature
Preservation	Préservation
Refuge	Refuge
Respect	Respect
Restoration	Restauration
Species	Espèce
Survival	Survie
Valuable	Précieux

Restaurant #1
Restaurant #1

Allergy	Allergie
Bowl	Bol
Bread	Pain
Cashier	Caissier
Chicken	Poulet
Coffee	Café
Dessert	Dessert
Food	Nourriture
Ingredients	Ingrédients
Kitchen	Cuisine
Knife	Couteau
Meat	Viande
Menu	Menu
Napkin	Serviette
Plate	Assiette
Reservation	Réservation
Sauce	Sauce
Spicy	Épicé
Waitress	Serveuse

Restaurant #2
Restaurant #2

Beverage	Boisson
Cake	Gâteau
Chair	Chaise
Delicious	Délicieux
Dinner	Dîner
Eggs	Oeuf
Fish	Poisson
Fork	Fourchette
Fruit	Fruit
Ice	Glace
Lunch	Déjeuner
Noodles	Nouilles
Salad	Salade
Salt	Sel
Soup	Soupe
Spices	Épices
Spoon	Cuillère
Vegetables	Légumes
Waiter	Serveur
Water	Eau

School #1
École #1

Alphabet	Alphabet
Answers	Réponses
Books	Livres
Chair	Chaise
Desk	Bureau
Exams	Examens
Folders	Dossiers
Friends	Amis
Fun	Amusement
Library	Bibliothèque
Lunch	Déjeuner
Markers	Marqueurs
Math	Math
Paper	Papier
Pencil	Crayon
Pens	Des Stylos
Quiz	Quiz
Teacher	Enseignant
To Learn	Apprendre
To Write	Écrire

School #2
École #2

Academic	Académique
Activities	Activités
Backpack	Sac à Dos
Books	Livres
Bus	Bus
Calendar	Calendrier
Computer	Ordinateur
Dictionary	Dictionnaire
Education	Éducation
Eraser	Gomme
Grammar	Grammaire
Library	Bibliothèque
Literature	Littérature
Paper	Papier
Pencil	Crayon
Science	Science
Scissors	Ciseaux
Supplies	Provisions
Teacher	Enseignant
Weekends	Week-Ends

Science
Science

Atom	Atome
Chemical	Chimique
Climate	Climat
Data	Données
Evolution	Évolution
Experiment	Expérience
Fact	Fait
Fossil	Fossile
Gravity	Gravité
Hypothesis	Hypothèse
Laboratory	Laboratoire
Method	Méthode
Minerals	Minéraux
Molecules	Molécules
Nature	Nature
Organism	Organisme
Particles	Particules
Physics	Physique
Plants	Plantes
Scientist	Scientifique

Science Fiction
Science-Fiction

Atomic	Atomique
Books	Livres
Cinema	Cinéma
Clones	Clones
Dystopia	Dystopie
Explosion	Explosion
Extreme	Extrême
Fantastic	Fantastique
Fire	Feu
Futuristic	Futuriste
Galaxy	Galaxie
Illusion	Illusion
Imaginary	Imaginaire
Mysterious	Mystérieux
Oracle	Oracle
Planet	Planète
Robots	Robots
Technology	Technologie
Utopia	Utopie
World	Monde

Scientific Disciplines
Disciplines Scientifiques

Anatomy	Anatomie
Archaeology	Archéologie
Astronomy	Astronomie
Biochemistry	Biochimie
Biology	Biologie
Botany	Botanique
Chemistry	Chimie
Ecology	Écologie
Geology	Géologie
Immunology	Immunologie
Kinesiology	Kinésiologie
Linguistics	Linguistique
Mechanics	Mécanique
Meteorology	Météorologie
Mineralogy	Minéralogie
Neurology	Neurologie
Physiology	Physiologie
Psychology	Psychologie
Sociology	Sociologie
Zoology	Zoologie

Shapes
Formes

Arc	Arc
Circle	Cercle
Cone	Cône
Corner	Coin
Cube	Cube
Curve	Courbe
Cylinder	Cylindre
Edges	Bords
Ellipse	Ellipse
Hyperbola	Hyperbole
Line	Ligne
Oval	Ovale
Polygon	Polygone
Prism	Prisme
Pyramid	Pyramide
Rectangle	Rectangle
Side	Côté
Sphere	Sphère
Square	Carré
Triangle	Triangle

Spices
Épices

Anise	Anis
Bitter	Amer
Cardamom	Cardamome
Cinnamon	Cannelle
Clove	Girofle
Coriander	Coriandre
Cumin	Cumin
Curry	Curry
Fennel	Fenouil
Fenugreek	Fenugrec
Flavor	Saveur
Garlic	Ail
Ginger	Gingembre
Nutmeg	Muscade
Onion	Oignon
Paprika	Paprika
Saffron	Safran
Salt	Sel
Sweet	Doux
Vanilla	Vanille

Sports
Sports

Athlete	Athlète
Baseball	Base-Ball
Basketball	Basket-Ball
Bicycle	Vélo
Championship	Championnat
Coach	Entraîneur
Game	Jeu
Golf	Golf
Gymnasium	Gymnase
Gymnastics	Gymnastique
Hockey	Hockey
Movement	Mouvement
Player	Joueur
Referee	Arbitre
Stadium	Stade
Team	Équipe
Tennis	Tennis
To Swim	Nager
Winner	Gagnant

Summer
Été

Beach	Plage
Books	Livres
Camping	Camping
Diving	Plongée
Family	Famille
Food	Nourriture
Friends	Amis
Games	Jeux
Garden	Jardin
Joy	Joie
Leisure	Loisir
Music	Musique
Relaxation	Relaxation
Sandals	Sandales
Sea	Mer
Stars	Étoiles
To Swim	Nager
Travel	Voyage
Vacation	Vacances

Surfing
Surf

Athlete	Athlète
Beach	Plage
Beginner	Débutant
Champion	Champion
Crowds	Foules
Extreme	Extrême
Foam	Mousse
Fun	Amusement
Ocean	Océan
Paddle	Pagaie
Popular	Populaire
Reef	Récif
Speed	Vitesse
Stomach	Estomac
Strength	Force
Style	Style
To Swim	Nager
Wave	Vague
Weather	Météo

Technology
Technologie

Blog	Blog
Browser	Navigateur
Bytes	Octets
Camera	Caméra
Computer	Ordinateur
Cursor	Curseur
Data	Données
Digital	Numérique
Display	Affichage
File	Fichier
Font	Police
Internet	Internet
Message	Message
Research	Recherche
Screen	Écran
Security	Sécurité
Software	Logiciel
Statistics	Statistiques
Virtual	Virtuel
Virus	Virus

Time
Temps

Annual	Annuel
Before	Avant
Calendar	Calendrier
Century	Siècle
Clock	Horloge
Day	Jour
Decade	Décennie
Future	Futur
Hour	Heure
Minute	Minute
Month	Mois
Morning	Matin
Night	Nuit
Noon	Midi
Now	Maintenant
Soon	Bientôt
Today	Aujourd'Hui
Week	Semaine
Year	Année
Yesterday	Hier

To Fill
Remplir

Bag	Sac
Barrel	Baril
Basin	Bassin
Basket	Panier
Bottle	Bouteille
Box	Boîte
Bucket	Seau
Carton	Carton
Crate	Caisse
Drawer	Tiroir
Envelope	Enveloppe
Folder	Dossier
Jar	Pot
Packet	Paquet
Pocket	Poche
Suitcase	Valise
Tray	Plateau
Tub	Baignoire
Tube	Tube
Vase	Vase

Tools
Outils

Axe	Hache
Cable	Câble
Glue	Colle
Hammer	Marteau
Knife	Couteau
Ladder	Échelle
Mallet	Maillet
Pliers	Pinces
Razor	Rasoir
Rope	Corde
Ruler	Règle
Scissors	Ciseaux
Screw	Vis
Shovel	Pelle
Staple	Agrafe
Stapler	Agrafeuse
Torch	Torche
Wheel	Roue

Town
Ville

Airport	Aéroport
Bakery	Boulangerie
Bank	Banque
Bookstore	Librairie
Cinema	Cinéma
Clinic	Clinique
Florist	Fleuriste
Gallery	Galerie
Hotel	Hôtel
Library	Bibliothèque
Market	Marché
Museum	Musée
Pharmacy	Pharmacie
School	École
Stadium	Stade
Store	Magasin
Supermarket	Supermarché
Theater	Théâtre
University	Université
Zoo	Zoo

Toys
Jouets

Airplane	Avion
Ball	Balle
Bicycle	Vélo
Boat	Bateau
Books	Livres
Car	Voiture
Chess	Échecs
Clay	Argile
Crafts	Artisanat
Crayons	Crayons
Doll	Poupée
Drums	Tambours
Favorite	Favori
Games	Jeux
Imagination	Imagination
Kite	Cerf-Volant
Puzzle	Puzzle
Robot	Robot
Train	Train
Truck	Camion

Vacation #2
Vacances #2

Airport	Aéroport
Beach	Plage
Camping	Camping
Destination	Destination
Foreigner	Étranger
Holiday	Vacances
Hotel	Hôtel
Island	Île
Journey	Voyage
Leisure	Loisir
Map	Carte
Mountains	Montagnes
Passport	Passeport
Restaurant	Restaurant
Sea	Mer
Taxi	Taxi
Tent	Tente
Train	Train
Transportation	Transport
Visa	Visa

Vegetables
Légumes

Artichoke	Artichaut
Broccoli	Brocoli
Carrot	Carotte
Cauliflower	Chou-Fleur
Celery	Céleri
Cucumber	Concombre
Eggplant	Aubergine
Garlic	Ail
Ginger	Gingembre
Mushroom	Champignon
Onion	Oignon
Parsley	Persil
Pea	Pois
Pumpkin	Citrouille
Radish	Radis
Salad	Salade
Shallot	Échalote
Spinach	Épinard
Tomato	Tomate
Turnip	Navet

Vehicles
Véhicules

Airplane	Avion
Ambulance	Ambulance
Bicycle	Vélo
Boat	Bateau
Bus	Bus
Car	Voiture
Caravan	Caravane
Ferry	Ferry
Helicopter	Hélicoptère
Motor	Moteur
Raft	Radeau
Rocket	Fusée
Scooter	Scooter
Shuttle	Navette
Submarine	Sous-Marin
Subway	Métro
Taxi	Taxi
Tires	Pneus
Tractor	Tracteur
Truck	Camion

Virtues #1
Vertus #1

Artistic	Artistique
Charming	Charmant
Clean	Propre
Confident	Confiant
Curious	Curieux
Decisive	Décisif
Efficient	Efficace
Funny	Drôle
Generous	Généreux
Good	Bon
Helpful	Utile
Imaginative	Imaginatif
Independent	Indépendant
Intelligent	Intelligent
Modest	Modeste
Passionate	Passionné
Patient	Patient
Practical	Pratique
Reliable	Fiable
Wise	Sage

Visual Arts
Arts Visuels

Architecture	Architecture
Artist	Artiste
Ceramics	Céramique
Chalk	Craie
Charcoal	Charbon
Clay	Argile
Composition	Composition
Creativity	Créativité
Easel	Chevalet
Film	Film
Masterpiece	Chef-D'Œuvre
Painting	Peinture
Pen	Stylo
Pencil	Crayon
Perspective	Perspective
Photograph	Photographie
Portrait	Portrait
Sculpture	Sculpture
Stencil	Pochoir
Wax	Cire

Water
Eau

Canal	Canal
Damp	Humide
Drinkable	Potable
Evaporation	Évaporation
Flood	Inondation
Frost	Gel
Geyser	Geyser
Hurricane	Ouragan
Ice	Glace
Irrigation	Irrigation
Lake	Lac
Moisture	Humidité
Monsoon	Mousson
Ocean	Océan
Rain	Pluie
River	Fleuve
Shower	Douche
Snow	Neige
Steam	Vapeur
Waves	Vagues

Weather
Météo

Atmosphere	Atmosphère
Breeze	Brise
Climate	Climat
Cloud	Nuage
Drought	Sécheresse
Dry	Sec
Fog	Brouillard
Hurricane	Ouragan
Ice	Glace
Lightning	Éclair
Monsoon	Mousson
Polar	Polaire
Rainbow	Arc-En-Ciel
Sky	Ciel
Storm	Tempête
Temperature	Température
Thunder	Tonnerre
Tornado	Tornade
Tropical	Tropical
Wind	Vent

Congratulations

You made it!

We hope you enjoyed this book as much as we enjoyed making it. We do our best to make high quality games.
These puzzles are designed in a clever way for you to learn actively while having fun!

Did you love them?

A Simple Request

Our books exist thanks your reviews. Could you help us by leaving one now?

Here is a short link which will take you to your order review page:

BestBooksActivity.com/Review50

MONSTER CHALLENGE!

Challenge #1

Ready for Your Bonus Game? We use them all the time but they are not so easy to find. Here are **Synonyms**!

Note 5 words you discovered in each of the Puzzles noted below (#21, #36, #76) and try to find 2 synonyms for each word.

Note 5 Words from Puzzle 21

Words	Synonym 1	Synonym 2

Note 5 Words from Puzzle 36

Words	Synonym 1	Synonym 2

Note 5 Words from Puzzle 76

Words	Synonym 1	Synonym 2

Challenge #2

Now that you are warmed-up, note 5 words you discovered in each Puzzle noted below (#9, #17, #25) and try to find 2 antonyms for each word. How many lines can you do in 20 minutes?

Note 5 Words from **Puzzle 9**

Words	Antonym 1	Antonym 2

Note 5 Words from **Puzzle 17**

Words	Antonym 1	Antonym 2

Note 5 Words from **Puzzle 25**

Words	Antonym 1	Antonym 2

Challenge #3

Wonderful, this monster challenge is nothing to you!

Ready for the last one? Choose your 10 favorite words discovered in any of the Puzzles and note them below.

1.	6.
2.	7.
3.	8.
4.	9.
5.	10.

Now, using these words and within a maximum of six sentences, your challenge is to compose a text about a person, animal or place that you love!

Tip: You can use the last blank page of this book as a draft!

Your Writing:

Explore a Unique Store Set Up **FOR YOU!**

BestActivityBooks.com/**TheStore**

Designed for Entertainment!

Light Up Your Brain With Unique **Gift Ideas**.

Access **Surprising** And **Essential Supplies!**

CHECK OUT OUR MONTHLY SELECTION NOW!

- Expertly Crafted Products -

NOTEBOOK:

SEE YOU SOON!

Linguas Classics Team

www.ingramcontent.com/pod-product-compliance
Lightning Source LLC
LaVergne TN
LVHW060154080526
838202LV00052B/4150